AF192216

Die stille Revolution beginnt in dir.

Ein Funke im Herzen,
ein Gedanke im Geist,
eine Tat mit Mut,
ein Schritt zur Freiheit.

Veränderung wächst leise,
doch unaufhaltsam, wie Feuer,
das erst an einer Stelle brennt,
bis es die Nacht erhellt
und alte Ketten sprengt.

Warte nicht auf die Welt – sei der Anfang.
Warte nicht auf morgen – handle heute.

Denn mit jedem erwachten Menschen
wird das Licht heller
und die Welt freier.

Die stille Revolution hat begonnen.

Urheber: Mein stiller Begleiter

Widmung

Dieses Buch widme ich meiner über alles geliebten Frau,

Inas Mariam Al Naqib.

Ohne sie wäre ich heute nicht hier. Sie hat mich mit grenzenloser Liebe gepflegt, als ich im Koma lag, sie hat für mich gekämpft, als andere längst aufgegeben hätten, und sie hat in einem Moment tiefster Dunkelheit eine Entscheidung getroffen, die nur aus wahrem Vertrauen geboren werden konnte. Sie folgte ihrem Herzen – und schenkte mir mein Leben zurück.

Mit ihr habe ich Höhen und Tiefen erlebt, Freud und Leid geteilt. Sie war an meiner Seite, als ich mit alternativen Heilmethoden gegen den Krebs kämpfte, als ich im Jahr 2024 multiples Organversagen, fiebernde Halluzinationen und eine Nahtoderfahrung durchleben musste. **Neun Monate hat sie mich getragen, gepflegt, gehalten – bis ich Schritt für Schritt zurück ins Leben fand.**

Inas ist der lebende Beweis dafür, dass eine einzige Seele die Welt verändern kann. **Mögen ihr Mut, ihre Kraft und ihr unerschütterlicher Glaube eine Inspiration für alle sein, die dies lesen.**

Die Zukunft beginnt jetzt – mit dir. Ich baue auf dich.

Inas, ich danke dir. Ich liebe dich!

Dein Michael

Eine bessere Welt beginnt bei dir - Wie du im Verborgenen die Welt veränderst

Der stille Wandel beginnt in dir -
Dein persönlicher Weg zur Transformation

K. M. Kurth Al Naqib

Bibliografische Information der Deutschen Nationalbibliothek: Die Deutsche Nationalbibliothek verzeichnet diese Publikation in der Deutschen Nationalbibliografie; detaillierte bibliografische Daten sind im Internet über dnb.dnb.de abrufbar.

Die automatisierte Analyse des Werkes, um daraus Informationen insbesondere über Muster, Trends und Korrelationen gemäß §44b UrhG („Text und Data Mining") zu gewinnen, ist untersagt.

© 2025 K. M. Kurth Al Naqib
   Bilder: Pixabay
   Cover: K. M. Kurth Al Naqib

Verlag: BoD · Books on Demand GmbH, In de Tarpen 42, 22848 Norderstedt, bod@bod.de

Druck: Libri Plureos GmbH, Friedensallee 273, 22763 Hamburg

ISBN: 978-3-7693-7611-1

TEIL 2: WIE DU SELBST TEIL DER VERÄNDERUNG WERDEN KANNST

Kapitel 4: Innere Freiheit – Wie du ein unabhängiger Mensch wirst

Kapitel 5: Die Revolution des Alltags - Wie man mit kleinen Dingen Großes bewirken kann

Kapitel 6: Dein Geld als Werkzeug – Finanzielle Unabhängigkeit als stiller Widerstand

DIE VERBORGENEN MACHTSTRUKTUREN DER WELT

Enzyklopädie des kritischen Denkens: Denkanstöße für eine bewusste Welt

EINLEITUNG: DER STILLE WANDEL BEGINNT IN DIR

Warum schreibe ich dieses Buch?

Weil es mir aufgetragen wurde - nicht nur als innere Eingebung, sondern als unmittelbare Erfahrung an der Grenze zwischen Leben und Tod.

Es wurde mir nicht von einem Verlag aufgetragen, nicht von einem Mentor oder Lehrer, sondern von einer höheren Instanz. Während einer Nahtoderfahrung, als mein Körper am Rande des endgültigen Abschieds stand, wurde ich an einen Ort geführt, den ich nur als „Kommandozentrale" bezeichnen kann - einen Raum absoluter Klarheit. Dort wurde mir mein Leben gezeigt, schonungslos und unverfälscht. Und dort wurde mir eine Entscheidung gegeben: Zurückzukehren - mit einem Auftrag.

> **Dieses Buch ist Teil dieses Auftrags. Ich wurde zurückgeschickt, um die Menschen an etwas zu erinnern, was sie tief in sich tragen, aber vergessen haben.**

Wir leben in einer Welt, die uns von klein auf in ein System presst. Ein System, das uns sagt, was wir tun sollen, was möglich ist und was nicht. **Aber tief in uns wissen wir, dass es anders geht.**

Vielleicht hast du es schon lange gespürt:

Etwas stimmt nicht.

Warum fühlt sich unser Alltag oft fremdgesteuert an? Warum haben so viele Menschen das Gefühl, dass ihr Leben an ihnen vorbeizieht?

Warum glauben wir, nichts verändern zu können?

Dieses Buch ist für alle, die sich diese Fragen stellen – und nach Antworten suchen.

Denn eine bessere Welt beginnt nicht in der Politik. **Sie beginnt in dir.**

- Wenn du anfängst, bewusster zu leben, verändert sich dein Blick auf die Welt.
- Wenn du deine Ängste loslässt, erkennst du deine wahre Kraft.
- Wenn du dich von den Zwängen der Gesellschaft befreist, wirst du wirklich frei.

Der stille Wandel beginnt mit einer einzigen Entscheidung: Deiner!

Ich habe dieses Buch geschrieben, weil ich erkannt habe, dass Veränderung nicht laut und kämpferisch sein muss.

Die kraftvollsten Umwälzungen geschehen oft im Stillen – durch Gedanken, Entscheidungen und kleine bewusste Handlungen.

Eine Revolution beginnt nicht mit Massenbewegungen – sie beginnt im Herzen eines Einzelnen.

Vielleicht bist du genau der Impuls, den die Welt braucht.

Lass uns gemeinsam herausfinden, wie du den Wandel in dir und um dich herum erschaffen kannst. Denn wenn du dich veränderst, verändert sich alles.

Warum habe ich mich entschlossen, dieses Buch für euch zu schreiben?

Weil ich dir etwas mitteilen muss. **Ich habe den Tod erlebt.** Im Jahr 2024 stand ich an der Schwelle zwischen Leben und Tod. Ich habe meinen Körper verlassen, das irdische Dasein hinter mir gelassen – und doch wurde ich zurückgeschickt. **Mit einem Auftrag.**

Viele Menschen fürchten den Moment des Abschieds, das Unbekannte, das Danach. Doch die wahre Angst sollte nicht dem Tod gelten – sondern **dem ungenutzten Leben.** Die späte Erkenntnis, nicht wirklich gelebt zu haben, den Sinn des Daseins verkannt zu haben, ist die eigentliche Tragödie.

Bevor ich fortfahre, möchte ich dir eines sagen: **Der Tod selbst ist nicht das, wovor du dich fürchten musst.** Ich habe ihn erlebt, ihn gefühlt, und ich kann dir aus tiefstem Herzen versichern: **Es gibt keinen Grund, ihn zu fürchten.** Aber es gibt etwas, das viel beängstigender ist - **wenn du eines Tages Rechenschaft über dein physisches Leben ablegen musst und dir klar wird, dass du nicht wirklich gelebt hast.** Dass du dein Karma nicht erfüllt hast, dass du nicht deinem wahren Weg gefolgt bist, sondern dein Leben als Erfüllungsgehilfe eines Systems verbracht hast, das nie deine Bestimmung war.

Unser Leben ist ein Geschenk, eine **Aufgabe und eine Reise.** Wenn wir den Sinn dieser Reise nicht erkennen, wenn wir nur existieren, anstatt bewusst zu leben, werden wir eines Tages voller Reue zurückblicken und feststellen, dass wir unsere Lebensaufgabe verfehlt haben.

Es ist an der Zeit, aufzuwachen.

Zeit, sich daran zu erinnern, wer wir wirklich sind. **Zeit, frei zu werden – im Denken und im Handeln.**

Lies dieses Buch mit offenem Herzen. Lass den Inhalt auf dich wirken. Und dann frage dich: **Welche Konsequenzen ziehst du daraus für dein eigenes Leben?** Du allein entscheidest, wie du lebst. **Kein Staat, kein System, keine externe Instanz - nur du.**

Vielleicht denkst du jetzt: *„Aber ich bin doch frei. Was will er mir erzählen?"* Ich spreche nicht von der oberflächlichen Freiheit, die uns verkauft wird. Ich meine die **absolute geistige Freiheit.** Von einem Leben, das nicht von gesellschaftlichen Zwängen, künstlichen Narrativen und unbewussten Abhängigkeiten bestimmt wird.

Ich spreche davon, dass wir aufhören müssen, in einem System zu funktionieren, das uns zu Arbeitssklaven gemacht hat. **Ein Leben, in dem wir nicht arbeiten, um zu existieren – sondern existieren, um wirklich zu leben.**

Natürlich werden einige, die in Wohlstand geboren sind, denken: *„Was will er uns damit sagen?"* Aber auch ihr werdet euch eines Tages rechtfertigen müssen.

Dieses Buch richtet sich vor allem an diejenigen, die **im Hamsterrad gefangen sind.** Die Tag für Tag schuften, oft in zwei oder drei Jobs, während Frauen neben der Kindererziehung noch putzen gehen müssen, weil das Geld nicht reicht. **Menschen, die ihr Leben lang arbeiten und trotzdem nicht genug haben, um sich ein erfülltes Leben leisten zu können.**

Ich wende mich an diejenigen, die glauben, in einer Demokratie zu leben, ohne zu merken, dass sie in einer **perfekt konstruierten Zwangsjacke gefangen sind.** In einem System, das wie eine unsichtbare Kette funktioniert: **kein Sklaventreiber mit Peitsche, keine physischen Fesseln – nur mentale Barrieren, die so tief verankert sind, dass sie niemand in Frage stellt.**

Dieses System ist über Jahrhunderte perfektioniert worden. **Und wenn zu viele Menschen aufwachen, folgt eine neue Krise, ein neuer Krieg - um sie wieder in die Angst zu treiben.**

Man hat uns verkauft, wir seien frei. Und das Perfide ist: **Die meisten glauben es.** Zweifel kommen oft erst, wenn das eigene Kartenhaus zusammenbricht.

Doch ich frage dich: Ist das wirklich das Leben, das du führen willst?

Vielleicht sollten wir uns fragen, wie unsere Vorfahren gelebt haben. **Was haben wir verloren?**

- **Familie**
- **Geborgenheit**
- **Liebe**
- **Zusammenhalt**
- **Achtsamkeit**
- **Glückseligkeit**

Unsere Vorfahren haben nach Werten gelebt, die uns systematisch genommen wurden. Und wir haben es hingenommen - ohne es zu hinterfragen.

Doch jetzt ist es an der Zeit, das Ruder herumzureißen. **Was hinterlassen wir unseren Kindern und Enkelkindern? In welcher Welt sollen sie leben? In einer Welt der Angst, der Oberflächlichkeit und des Materialismus - oder in einer Welt der Liebe, des Bewusstseins und der Wahrheit?**

Dieses Buch ist ein Weckruf, ein Signal zum Innehalten und nachdenken.

Es ist kein Zufall, dass du diese Zeilen liest. Vielleicht gehörst du zu denen, die jetzt aufstehen müssen. Die sich daran erinnern müssen, warum sie hier sind. Vielleicht hast du eine Aufgabe, die größer ist, als du denkst.

Machen wir gemeinsam den ersten Schritt.

Besinnen wir uns auf das, was wirklich zählt – bevor es zu spät ist.

Menschenrechte – Eine kurze Einführung

Das Recht auf Leben ist das höchste und unveräußerliche Grundrecht eines jeden Menschen. Es ist das Fundament, auf dem alle anderen Rechte aufbauen. **Die Würde des Menschen ist unantastbar** - und sie beginnt mit der Anerkennung seines unveräußerlichen Rechts auf Existenz.

> **Jeder Mensch hat von Geburt an das Recht auf Schutz, Freiheit und körperliche Unversehrtheit.**

Kinder sind kein Eigentum des Staates - sie sind eigenständige Wesen mit Geburtsrechten, die älter sind als jedes von Menschen gemachte Gesetz. Die Bindung zwischen Eltern und Kindern ist ein Naturgesetz, das weder durch Ideologien noch durch politische Strukturen gebrochen werden darf. **Jedes Kind hat das Recht, von seinen Eltern geliebt, beschützt und erzogen zu werden.**

Menschenrechte sind keine Privilegien, die gewährt oder entzogen werden können – sie sind angeboren und unveräußerlich. Sie gelten unabhängig von Herkunft, Geschlecht, Religion oder gesellschaftlichem Status. **Doch wenn Menschenrechte verletzt werden, ist Schweigen keine Option.**

In einer Welt, die oft versucht, uns unserer natürlichen Rechte zu berauben, ist es an der Zeit, sich daran zu erinnern: **Wir sind frei geboren. Unsere Rechte sind nicht verhandelbar.**

Ist das so? Welche Erfahrungen hast du gemacht?

Die Illusion der Freiheit – Leben wir wirklich in einer Demokratie?

Demokratie oder kontrollierte Pseudowelt?

Für viele ist Demokratie ein feststehender Begriff – eine Selbstverständlichkeit. Wir wachsen mit der Vorstellung auf, dass wir in einer freien Gesellschaft leben, dass wir wählen dürfen, dass wir unsere Meinung äußern können. **Doch wie frei sind wir wirklich?**

Wir leben in einer **Pseudowelt**, die uns als Demokratie verkauft wird. Ein System ohne sichtbare Fesseln, aber mit unsichtbaren Grenzen. Wer sich an die Vorschriften hält, wer nicht hinterfragt, für den fühlt sich diese Welt normal an. Doch für jene, die frei denken, die aufwachen, stellt sich die Frage: „**In welchem Film bin ich hier gelandet?**"

Meinungsfreiheit oder kontrollierte Meinung?

Meinungsfreiheit ist ein Grundpfeiler der Demokratie - zumindest auf dem Papier. Doch was passiert, wenn jemand eine Meinung äußert, die nicht ins offizielle Narrativ passt?

Bücher mit unliebsamen Inhalten werden nicht mehr verbrannt, sondern vor der Veröffentlichung zensiert oder ganz verboten.

Wer die Regierung oder ihre Maßnahmen öffentlich kritisiert, riskiert soziale, berufliche oder gar rechtliche Konsequenzen.

Ärzte und Richter, die während der Corona-Pandemie ihrem Gewissen folgten, wurden verurteilt oder diskreditiert. Wissenschaftler mit abweichenden Meinungen wurden systematisch ausgegrenzt.

War das demokratisch? Oder zeigte die vermeintliche Demokratie hier ihr wahres Gesicht?

Leben wir in einer Welt der Selbstbestimmung?

Eine echte Demokratie sollte die **freie Willensbildung und Mitsprache der Bürger** fördern – aber genau das ist nicht der Fall.

- **Wichtige politische Entscheidungen** werden oft nicht von der Bevölkerung, sondern hinter verschlossenen Türen von Lobbyisten, Wirtschaftsvertretern und Eliten getroffen.

- **Wahlen** geben uns die Illusion der Mitbestimmung, aber wie viel Einfluss haben wir wirklich auf die großen politischen Richtungsentscheidungen?

- **Volksentscheide** auf Bundesebene wären ein Mittel der direkten Demokratie - aber warum gibt es sie nicht?

Was macht eine Demokratie aus?

Echte Demokratie zeichnet sich durch Beteiligung aus. Sie lebt von der Vielfalt politischer Meinungen, von produktiven Konflikten, von echten Diskursen. Aber ist das in unserer Gesellschaft noch der Fall?

Echte Demokratie bedeutet:

✔ **eine funktionierende Gewaltenteilung** - nicht einen Staat, in dem Exekutive, Legislative und Judikative eng miteinander verflochten sind.

✔ **echte Meinungsfreiheit** – nicht eine Gesellschaft, in der nur eine Meinung als „korrekt" gilt.

✔ **Versammlungs- und Demonstrationsrecht** - keine Welt, in der Protest nur erlaubt ist, solange er nicht dem staatlichen Narrativ widerspricht.

✔ **Bürgerbeteiligung** - kein System, in dem Politiker nach der Wahl ohne Konsequenzen tun und lassen können, was sie wollen.

Während der Corona-Pandemie wurden Grundrechte massiv eingeschränkt – viele Demonstrationen wurden verboten oder erschwert. **Aber kann eine Demokratie ihre eigenen Prinzipien einfach außer Kraft setzen, wenn es unbequem wird?**

Menschenrechte als demokratisches Fundament

Demokratie ist mehr als ein politisches System - sie ist eine Grundhaltung, die auf Menschenrechten und Grundfreiheiten beruht. Doch diese Rechte sind keine Selbstverständlichkeit. **Sie müssen aktiv verteidigt werden.**

Menschenrechte sind:

✔ universell - sie gelten für alle Menschen, unabhängig von ihrer Herkunft oder ihrem Status.

✔ unveräußerlich – kein Staat kann sie einfach abschaffen.

✔ unteilbar – sie gelten nicht nur für jene, die das System stützen, sondern für jeden Einzelnen.

Die „Ewigkeitsklausel" im Grundgesetz (Art. 79 GG) soll sicherstellen, dass bestimmte Grundrechte niemals abgeschafft werden können. Doch was ist diese Klausel wert, wenn Gesetze und Maßnahmen diese Rechte in der Praxis immer wieder aushebeln?

Wie demokratisch ist unsere Welt?

Die Demokratie ist in Gefahr – nicht durch äußere Feinde, sondern durch eine **schleichende Erosion von innen.**

- **Wenn Menschen Angst haben, ihre Meinung zu sagen, weil sie die Konsequenzen fürchten, ist das Demokratie?**

- **Wenn eine Regierung entscheidet, welche Wissenschaft gehört wird und welche nicht, ist das Demokratie?**

- **Wenn Grundrechte nur so lange gelten, wie sie dem Staat nicht stören, ist das Demokratie?**

Eine echte Demokratie lebt nicht von blinden Ja-Sagern, sondern von mündigen Bürgern, die sich kritisch mit ihrer Umwelt auseinandersetzen.

Es ist an der Zeit, Demokratie neu zu denken.

- **Wie können wir echte Mitbestimmung fördern?**
- **Wie können wir ein System schaffen, das sich nicht selbst gegen die Menschen richtet?**
- **Wie können wir eine Welt aufbauen, in der Freiheit nicht nur ein leeres Wort ist?**

Dieses Buch ist ein Weckruf - nicht gegen die Demokratie, sondern für eine Demokratie, die diesen Namen verdient.

Ein Volk, das von einer Macht regiert wird, muss wissen, wer diese Macht ist.

„Ein Volk, welches regiert wird von einer Macht, muss die Macht kennen, von der es regiert wird. Es, das Volk, muss diese Macht lenken und kontrollieren. Es muss der Macht in den Arm fallen, wenn sie Verbrechen begeht. Andernfalls wird es, das Volk, zum Mittäter. Die Grundlage der Demokratie ist die Volkssouveränität und nicht die Herrschaftsgewalt eines obrigkeitlichen Staates. Nicht der Bürger steht im Gehorsamsverhältnis zur Regierung, sondern die Regierung ist dem Bürger im Rahmen der Gesetze verantwortlich für ihr Handeln. Der Bürger hat das Recht und die Pflicht, die Regierung zur Ordnung zu rufen, wenn er glaubt, dass sie demokratische Rechte missachtet." (Aus Emil Rahms „Prüfen und Handeln", Sep. 2009) Dr. Gustav Heinemann, Präsident der Bundesrepublik Deutschland 1969-74

Der schleichende Wandel – Vom Leben in Einklang zur Entfremdung

Die verlorene Welt unserer Vorfahren

Es gab eine Zeit, da lebten die Menschen im Einklang mit der Natur. Die Familien hatten ihre eigenen Gärten, versorgten sich selbst, tauschten Waren mit den Nachbarn und kannten keinen Stress, sondern nur den Rhythmus der Jahreszeiten. Kinder wuchsen in stabilen Gemeinschaften auf, in denen mehrere Generationen unter einem Dach lebten. Die Alten waren weise Ratgeber, ihre Geschichten und Erfahrungen waren das wertvollste Erbe für die Jüngeren. **Respekt war selbstverständlich.** Man wusste: Das Wissen der Alten sichert die Zukunft der Jungen.

Dann kam der sogenannte Fortschritt. Die Industrialisierung zwang die Menschen, ihre Heimat zu verlassen, um in den Städten für einen Lohn zu schuften. Dörfer verwaisten, Familien wurden auseinandergerissen, das Wissen über Selbstversorgung und Unabhängigkeit ging verloren.

Der Mensch wurde vom Schöpfer seines eigenen Lebens zum Rädchen einer fremdbestimmten Maschinerie.

Fortschritt oder Illusion? Die Zerstörung der Familie

Mit der Landflucht kam eine tiefgreifende Veränderung. Der Mensch tauschte Selbstversorgung gegen Abhängigkeit, Gemeinschaft gegen Anonymität, Natur gegen Beton. **Die Arbeitswelt wurde immer anspruchsvoller - bald** reichte es nicht mehr aus, dass ein Elternteil berufstätig war. Beide Partner mussten berufstätig sein, die Kinder wurden früh fremdbetreut. **Die Familie, einst die stärkste soziale Einheit, ist zerbrochen.**

Gleichzeitig wurden traditionelle Werte systematisch ausgehöhlt. Der Respekt vor dem Alter ging verloren. **Alte Menschen wurden zur Last erklärt.** Altersheime sind zu Endstationen geworden, in denen Menschen einsam sterben, während die jüngere Generation im Hamsterrad der modernen Arbeitswelt gefangen ist. **Die Bindungen zwischen den Generationen, die einst das Fundament jeder Gesellschaft bildeten, sind einer Vereinzelung und einer Kultur des permanenten Konsums gewichen.**

Die Versklavung durch das System

Und was ist aus all den Fortschrittsversprechen geworden? **Menschen, die einst ihre Freiheit gegen ein vermeintlich besseres Leben eintauschten, sterben heute krank, arm und ausgebrannt.** Staublunge, Burnout, Depressionen – das System hat alles aus ihnen herausgepresst, um sie dann durch neue Arbeitskräfte zu ersetzen. **Du bist nur eine Ressource für dieses System - und wenn du nicht mehr funktionierst, wirst du aussortiert.**

„Hire and Fire" wurde zur Norm. Loyalität zählt nicht mehr, nur noch Produktivität. **Die Menschen werden durch künstliche Konkurrenz gegeneinander ausgespielt, während Inflation und steigende Kosten die Abhängigkeit weiter verschärfen.** Immer weniger Menschen können sich Wohneigentum leisten, während Konzerne ganze Wohnblöcke aufkaufen und die Mieten in absurde Höhen treiben. **Rentner, die ein Leben lang gearbeitet haben, wühlen im Müll nach Pfandflaschen.** Das ist die Realität, in der du lebst. Eine Realität, in der Menschen nichts anderes sind als Konsumenten und Arbeitskräfte – bis sie nicht mehr gebraucht werden.

Die Kontrolle über die Bildung: Der Eingriff in die Zukunft

Die Manipulation beginnt früh. **Das Bildungssystem wurde systematisch so umgestaltet, dass Kinder nicht mehr zu eigenständigen Denkern, sondern zu funktionierenden Rädchen im System heranwachsen.** Kreativität und Eigenverantwortung wurden durch standardisierte Lehrpläne ersetzt, die nur eines vermitteln: **Anpassen statt Hinterfragen.**

Eltern verloren die Kontrolle über die Erziehung ihrer Kinder, während der Staat immer mehr Einfluss gewann. Lehrpläne wurden angepasst - nicht um den Kindern zu dienen, sondern um eine neue Generation von Angepassten zu formen. Die Frühsexualisierung der Kinder, die Verharmlosung des Zerfalls der Familie und die zunehmende Distanz zwischen Eltern und Kindern sind kein Zufall, sondern Teil eines kalkulierten Prozesses. **Denn eine entwurzelte Gesellschaft lässt sich leichter lenken.**

Die Illusion der Freiheit

Technologische Innovationen sollten uns das Leben erleichtern - aber in Wirklichkeit haben sie die **Kontrolle über uns verstärkt.** Smartphones, soziale Medien, digitale Überwachung – all das wurde uns als Fortschritt verkauft. In Wahrheit wurde der Mensch **gläsern**, seine Daten zur Ware gemacht, sein Denken von Algorithmen gesteuert.

Die größte Errungenschaft der modernen Kontrolle besteht darin, die Menschen so mit irrelevanten Informationen zu überfluten, dass sie unfähig werden, die Wahrheit zu erkennen. **Ablenkung wurde zur Hauptstrategie, um eine Bevölkerung zu schaffen, die sich nicht mehr auf das Wesentliche konzentrieren kann.**

Der Verlust von echter Nahrung – Vom eigenen Garten zur Giftküche

Früher wussten die Menschen, woher ihre Nahrung kam. Sie kannten den Boden, die Jahreszeiten, die Kraft der Pflanzen. **Heute essen sie Lebensmittel, die mit Chemikalien durchsetzt, verarbeitet, genmanipuliert und mit Pestiziden besprüht sind.**

Was du isst, macht dich entweder gesund - oder vergiftet dich langsam. Insekten als Proteinquelle? Eine absurde Entwicklung in einer Welt, in der es längst nicht mehr um das Wohl der Menschen geht, sondern nur noch um maximalen Profit.

Bauern werden systematisch verdrängt, traditionelle Landwirtschaft zerstört. **Warum? Weil ein Mensch, der sich selbst versorgt, kein abhängiger Konsument ist.** Und genau das ist das Ziel. Dich von allem abhängig zu machen.

Die Gesellschaft in der Sackgasse

Wir leben in einer Welt, in der **alte Werte zerstört wurden, um eine globalisierte, von Konzernen gesteuerte Gesellschaft zu erschaffen.** Eine Welt, in der **Familie, Gemeinschaft und Natur** durch künstliche Ersatzstrukturen ersetzt werden.

Aber nicht alles ist verloren.

Denn der erste Schritt zur Veränderung ist die Erkenntnis.

Wer erkennt, dass er in einem System gefangen ist, kann sich daraus befreien.

Die stille Revolution beginnt jetzt

Veränderung wird dir nicht geschenkt. Sie kommt nicht von Politikern oder Institutionen.

Sie beginnt bei dir.

- **Lerne dich wieder selbst zu versorgen.**
- **Vernetze dich mit Gleichgesinnten.**
- **Lebe wieder echte Werte.**
- **Sprenge die Fesseln des Systems, das dich kontrolliert.**

Am Ende zählt nicht, wie viel Geld du verdient hast oder wie viele Stunden du gearbeitet hast. Am Ende zählt, **ob du wirklich gelebt hast.**

Und genau hier setzt der nächste Teil dieses Buches an: **Wie du dich befreien kannst. Wie man eine neue Welt schafft, in der der Mensch wieder im Mittelpunkt steht.**

Eine Welt, in der du so leben kannst, **wie du es wirklich willst – und nicht so, wie es dir aufgezwungen wird.**

Erkennen der aktuellen Situation - Entscheiden, was dagegen zu tun ist

Wir leben in einer Welt, in der viele Menschen spüren, dass etwas nicht stimmt. Vielleicht kannst du es nicht genau benennen, aber du fühlst es. **Eine tiefe Unruhe, eine latente Unzufriedenheit.** Das diffuse Gefühl, dass du dein Leben nicht selbst in der Hand hast, sondern nach den Regeln eines Systems funktionierst, das nicht zu deinem Wohl geschaffen wurde.

Du bist nicht allein. Überall auf der Welt spüren Menschen, dass das Leben, das sie führen, nicht ihr eigenes ist. **Die Arbeit frisst die besten Jahre deines Lebens auf.** Du funktionierst, du konsumierst, du machst mit – aber wofür? **Für wen?**

Der erste Schritt zur Veränderung ist die Erkenntnis. **Erkenne, dass du in einem System lebst, das dich abhängig hält.** Ein System, das dich in einem endlosen Kreislauf gefangen hält: Arbeit – Konsum – Unterhaltung – Schlaf – Wiederholung. Doch sobald du das erkennst, hast du Macht. **Denn was erkannt wird, kann verändert werden.**

Warum viele Menschen unzufrieden sind und sich ohnmächtig fühlen

Warum fühlen sich so viele Menschen innerlich leer, obwohl sie materiell alles haben? Warum steigt die Zahl der Depressionen, der Burn-outs, der unerklärlichen Sinnkrisen?

Die Antwort ist simpel: **Weil wir als Menschen nicht dafür geschaffen sind, so zu leben.**

Wir sind soziale Wesen, doch das System isoliert uns. Jeder kämpft für sich allein, Nachbarn sind Fremde, Familien zerbrechen.

Wir haben das Gefühl, keine Kontrolle über unser eigenes Leben zu haben. Politik, Wirtschaft, Konzerne – sie bestimmen die Regeln, und wir müssen uns anpassen.

Wir sind überreizt und dennoch innerlich leer. Medien, Werbung, digitale Ablenkung – sie überfluten uns mit Eindrücken, nehmen uns aber den realen Bezug zur Welt.

Und so entsteht eine Gesellschaft voller Menschen, die spüren, dass etwas nicht stimmt, aber nicht wissen, was sie tun können. Sie resignieren, sie ergeben sich – und genau das will das System.

Ohnmacht lähmt. Doch diese Ohnmacht ist eine Illusion.

Gute Nachrichten: Veränderung beginnt bei dir!

Hier ist die Wahrheit, die du vielleicht noch nicht gehört hast: **Du bist mächtiger, als du denkst.**

Jede große Veränderung beginnt nicht auf der Straße mit Protesten. Sie beginnt **in einem einzigen Kopf.** Sie beginnt mit dem Entschluss, **sich nicht länger als Opfer zu sehen.**

Veränderung bedeutet nicht, das System zu bekämpfen. Veränderung bedeutet, sich innerlich von ihm zu lösen. **Es nicht mehr zu füttern.** Deinen eigenen Weg zu gehen, trotz der Normen, trotz der Erwartungen.

➡ **Fange klein an.** Ändere bewusst eine Sache in deinem Leben. Und dann noch eine. Und dann noch eine.

➡ **Erkenne deine Macht.** Die Welt verändert sich nicht durch große Revolutionen, sondern durch kleine, beständige Schritte.

➡ **Lass dich nicht entmutigen.** Es wird Widerstand geben – vor allem aus deinem eigenen Umfeld. Aber du bist nicht allein.

> Die einzige Veränderung, die zählt,
>
> ist die, die **du selbst lebst.**

Was bedeutet eine „stille Revolution" – und warum ist sie mächtiger als lauter Protest?

Die Geschichte zeigt es immer wieder: **Lauter Widerstand wird niedergeschlagen.** Systeme wissen, wie man Proteste unterdrückt. Sie haben Polizei, Medien, Gesetze, und wenn nötig, Gewalt.

Doch es gibt eine andere Art von Revolution – **eine Revolution, die nicht bekämpft werden kann, weil sie still geschieht.**

Stell dir vor, die Menschen hören auf, sich dem System zu unterwerfen. Sie hören auf, blind zu konsumieren. Sie hören auf, ihre Kinder nach den Regeln eines korrupten Bildungssystems zu erziehen. Sie fangen an, sich selbst zu versorgen, sich zu vernetzen, echte Gemeinschaften zu bilden.

- **Kein Schlagstock kann einen Gedanken aufhalten.**
- **Keine Regierung kann eine Idee verbieten, die im Stillen wächst.**
- **Keine Macht kann verhindern, dass Menschen aus dem System ausbrechen.**

Das ist die stille Revolution. **Sie passiert im Verborgenen, aber ihre Wirkung ist unaufhaltsam.**

Warum lauter Widerstand oft scheitert, aber leiser Wandel Erfolg hat

Lauter Widerstand gibt dem System genau das, was es braucht: **einen Feind, den es bekämpfen kann.**

Was aber, wenn es keinen klaren Feind gibt? Was, wenn die Menschen einfach nicht mehr mitspielen?

Was passiert, wenn genügend Menschen...

✔ **nur noch mit Bargeld bezahlen?**

✔ **ihre Nahrung von Bauern kaufen, statt Supermärkte zu füttern?**

✔ **ihren Medienkonsum bewusst steuern, statt sich manipulieren zu lassen?**

✔ **sich vernetzen und austauschen, statt isoliert zu leben?**

Das System kann Gesetze erlassen, es kann Proteste verbieten – **aber es kann die Menschen nicht daran hindern, still zu handeln.**

Die Veränderung geschieht, wenn du beginnst, anders zu denken und anders zu leben.

Die wichtigste Erkenntnis: Du brauchst keine Erlaubnis, um die Welt zu verändern!

Warte nicht auf eine Revolution. Warte nicht auf einen Anführer. Warte nicht auf den perfekten Moment.

Du brauchst keine Erlaubnis, um zu handeln.

- Niemand kann dich zwingen, das Spiel mitzuspielen.

- Niemand kann dir verbieten, dein Leben nach deinen eigenen Maßstäben zu gestalten.

- Niemand kann dich daran hindern, aus dem System auszubrechen.

Wahre Freiheit beginnt in deinem Kopf. Und sobald du sie erkannt hast, gibt es kein Zurück mehr.

Das Ziel dieses Buches: Ein praktischer Leitfaden für persönlichen Wandel und gesellschaftliche Transformation.

Dieses Buch ist kein Manifest des Protests. Es ist eine **Anleitung zum Handeln.**

✓ **Es zeigt dir, wie du dich aus deinem mentalen Käfig befreien kannst.**

✓ **Es gibt dir konkrete Strategien an die Hand, wie du dein Leben unabhängig vom System gestalten kannst.**

✓ **Es bringt dich in Kontakt mit einer neuen Perspektive - einer Perspektive, die es dir ermöglicht, dein Leben selbst zu gestalten.**

Es ist **ein Weckruf** für alle, die spüren, dass die Welt, so wie sie ist, nicht mehr funktioniert.

Es ist ein **Werkzeugkasten für den Wandel.**

Und es ist **eine Einladung.**

Die Einladung, Teil einer Bewegung zu werden, die so leise beginnt, dass sie niemand aufhalten kann. **Eine stille Revolution, die in deinem Geist beginnt und sich über die ganze Welt ausbreitet.**

Bist du bereit?

TEIL 1: VERSTEHEN, WARUM DIE WELT SO IST, WIE SIE IST

Kapitel 1: Das unsichtbare System – Warum du stillhalten sollst

Die Machtstrukturen hinter Politik, Medien & Wirtschaft

In unserer Welt gibt es sichtbare Machtzentren wie Regierungen und Konzerne – aber auch unsichtbare Netzwerke, die weitreichende Kontrolle ausüben. Politik, Medien und Wirtschaft sind oft enger miteinander verwoben, als es auf den ersten Blick scheint.

- **Regierungen & Lobbyismus:** Politische Entscheidungen werden oft nicht im Interesse der Bevölkerung, sondern im Interesse von Großkonzernen und Finanzeliten getroffen.

- **Medien als Meinungsmacher:** Mainstream-Medien präsentieren oft eine einseitige Perspektive und sind durch Eigentümerstrukturen sowie politische und wirtschaftliche Abhängigkeiten beeinflusst.

- **Die Rolle des Finanzsystems:** Banken und Großinvestoren haben einen enormen Einfluss auf die nationale und internationale Politik. Schuldenpolitik und Finanzkrisen sind oft Instrumente der Kontrolle.

Warum Kontrolle durch Angst & Konsum funktioniert

Seit Jahrhunderten stützen sich Machtstrukturen auf zwei zentrale Mechanismen, um Gesellschaften zu steuern:

1. **Angst als Steuerungsmechanismus**

   - Krisen (Wirtschaftskrisen, Pandemien, Kriege) führen dazu, dass Menschen mehr Kontrolle und Überwachung akzeptieren.

   - Angst vor sozialer Ausgrenzung hält Menschen davon ab, ihre Meinung offen zu äußern.

2. **Konsum als Ablenkung & Abhängigkeit**

   - Dauerhafte Ablenkung durch Konsum, Unterhaltung und digitale Medien halten die Menschen beschäftigt und vom kritischen Denken ab.

   - Schulden und wirtschaftliche Abhängigkeiten verhindern den Ausstieg aus dem eigenen Hamsterrad.

Wie Gesellschaften gesteuert werden, ohne dass wir es merken

Den meisten Menschen ist nicht bewusst, dass sie Teil eines Systems sind, das auf Kontrolle und Steuerung beruht. **Der Einsatz von:**

- **Bildungssysteme,** die eher Gehorsam als kritisches Denken fördern,
- **sozialen Normen,** die Abweichler bestrafen,
- **Mediennarrativen,** die alternative Perspektiven diskreditieren, erschweren den Wandel. Aber es gibt Wege, sich davon zu befreien.

Kapitel 2: Psychologische Fesseln - Warum Veränderung schwierig ist

Warum Menschen lieber in alten Mustern verharren

Der Mensch ist ein Gewohnheitstier. Das Gehirn bevorzugt vertraute Wege, selbst wenn sie uns schaden.

- **Das Bedürfnis nach Sicherheit:** Veränderung bedeutet Unsicherheit. Lieber bleibt man in bekannten Strukturen, auch wenn diese problematisch sind.
- **Soziale Anpassung:** Wer sich gegen die Mehrheit stellt, riskiert Ablehnung. Deshalb denken viele Menschen erst gar nicht über alternative Wege nach.
- **Kognitive Dissonanz:** Wenn die Realität nicht mit unserem Weltbild übereinstimmt, verdrängen wir lieber die Realität als unser Denken zu hinterfragen.

Die Macht der Gewohnheit - und wie man sie sich zunutze macht

Gewohnheiten können Fesseln sein – oder ein Werkzeug zur Befreiung.

- **Negative Gewohnheiten durchbrechen:** Bewusst alternative Routinen einführen, z.B. unabhängige Medien konsumieren, sich mit Gleichgesinnten vernetzen.

- **Neue Denkweisen etablieren:** Kritisches Hinterfragen zur Gewohnheit machen.

- **Selbstständigkeit fördern:** Finanzielle und berufliche Unabhängigkeit als Ziel setzen.

Die 5 größten Blockaden, die Menschen vom Handeln abhalten

1. **Angst vor Veränderung** – „Das wird nichts bringen."

2. **Bequemlichkeit** – „Ich habe keine Zeit, mich mit so etwas zu beschäftigen."

3. **Falsches Vertrauen in Autoritäten** – „Die Regierung wird es schon richten."

4. **Soziale Anpassung** – „Ich will nicht als Außenseiter dastehen."

5. **Informationsüberflutung** – „Es gibt zu viele Meinungen, ich weiß nicht, was wahr ist."

Wer sich dieser Mechanismen bewusst wird, kann sich Schritt für Schritt aus den psychologischen Fesseln befreien.

Kapitel 3: Was wir von erfolgreichen Umbrüchen lernen können

Gandhi, Martin Luther King & Co - was hat wirklich funktioniert?

Es gibt viele historische Beispiele für erfolgreichen friedlichen Wandel:

- **Mahatma Gandhi** nutzte gewaltlosen Widerstand und Boykotte, um die britische Herrschaft über Indien zu beenden.

- **Martin Luther King** führte Massenproteste und organisierte systematische Aktionen zur Veränderung rassistischer Gesetze in den USA.

- **Die Montagsdemonstrationen in der DDR** zeigten, dass eine friedliche und beharrliche Bewegung Diktaturen zu Fall bringen kann.

Die 3 Prinzipien erfolgreicher gesellschaftlicher Veränderungen

1. **Bewusstsein schaffen** – Die Menschen müssen verstehen, dass es eine Alternative gibt.
2. **Netzwerke bilden** – Veränderung geschieht nicht allein, sondern in Gruppen.

3. **Praktische Aktionen setzen** – Konkrete Maßnahmen wie Boykotte, alternative Strukturen oder ziviler Ungehorsam bewirken Veränderungen.

Was können wir heute davon praktisch nutzen?

- **Fokus auf Dezentralisierung** – Statt auf die große Revolution zu warten, sollten sich die Menschen in kleinen Netzwerken organisieren.

- **Alternativen aufbauen** – Autonome Bildungssysteme, alternative Wirtschaftskreisläufe, unabhängige Medien.

- **Alltäglicher friedlicher Widerstand** – Kleine, aber konsequente Handlungen im Alltag können das System langsam umprogrammieren.

TEIL 2: WIE DU SELBST TEIL DER VERÄNDERUNG WERDEN KANNST

Kapitel 4: Innere Freiheit – Wie du ein unabhängiger Mensch wirst

Warum dein Denken der Schlüssel zur Freiheit ist

Freiheit beginnt im Kopf. Viele Menschen sind nicht durch äußere Zwänge gefangen, sondern durch ihre eigenen Gedanken, Ängste und Gewohnheiten.

- **Konditionierung verstehen:** Von klein auf lernen wir, uns an Regeln zu halten, Erwartungen zu erfüllen und Autoritäten nicht zu hinterfragen.

- **Mentale Gefängnisse erkennen:** Die Angst vor sozialer Ablehnung, der Glaube an die Alternativlosigkeit des Systems und das Gefühl der Ohnmacht sind die wahren Fesseln.

- **Eigenständiges Denken fördern:** Kritisches Hinterfragen, Selbstreflexion und bewusste Entscheidungen sind die ersten Schritte zur inneren Freiheit.

Manipulation erkennen & eigenständig handeln

Manipulation geschieht subtil, oft ohne dass wir es bemerken. Um wirklich frei zu sein, müssen wir diese Mechanismen durchschauen.

- **Wie Propaganda funktioniert:** Emotionale Steuerung, gezielte Feindbilder und Wiederholungen prägen unsere Wahrnehmung.

- **Ablenkung durch Unterhaltung:** Medien und Konsum lenken von wesentlichen Fragen ab und halten uns beschäftigt.

- **Eigenverantwortung übernehmen:** Sich von Manipulation zu befreien bedeutet, Informationen selbst zu suchen, kritisch zu bewerten und eigene Entscheidungen zu treffen.

Die wichtigste Frage ist: „Was wäre, wenn ich es einfach tun würde?"

Allzu oft halten wir uns aus Angst vor den Konsequenzen oder aus reiner Gewohnheit zurück.

- **Das Erlaubnisdenken überwinden:** Niemand muss uns „erlauben", freier zu leben, anders zu denken oder selbstbestimmter zu handeln.

- **Den ersten Schritt wagen:** Wer neue Wege gehen will, muss irgendwann aufhören zu zögern.

- **Kleine, mutige Taten im Alltag:** Eine neue Entscheidung treffen, eine unbequeme Wahrheit aussprechen, neue Wege ausprobieren.

Kapitel 5: Die Revolution des Alltags - Wie man mit kleinen Dingen Großes bewirken kann

Warum du mächtiger bist, als du denkst

Veränderung geschieht nicht durch große Revolutionen allein, sondern durch viele kleine, beständige Handlungen.

- **Jeder Beitrag zählt:** Auch scheinbar kleine Entscheidungen haben langfristig große Auswirkungen.

- **Der Schmetterlingseffekt:** Eine kleine Handlung heute kann eine Kettenreaktion auslösen.

- **Der wichtigste Faktor ist Beständigkeit:** Wer kontinuierlich andere Wege geht, schafft Veränderung.

Der Schmetterlingseffekt – Wie kleine Aktionen große Wellen schlagen

Der **Schmetterlingseffekt** ist ein Konzept aus der Chaostheorie, das besagt, dass kleine Veränderungen in einem System langfristig enorme Auswirkungen haben können. Eine winzige Aktion kann eine unvorhersehbare Kettenreaktion auslösen – und genau das ist die Kraft des stillen Widerstands.

Beispiele für gezielte Aktionen, die das System ins Wanken bringen:

- **Gemeinsame Störaktionen im Konsumverhalten:**

  - Wenn viele Menschen nur **mittwochs tanken**, führt dies zu einer unregelmäßigen Nachfrage auf dem Kraftstoffmarkt.

  - Wenn eine kritische Masse beschließt, **donnerstags keine Lebensmittel einzukaufen**, verzerren sich Absatzprognosen der Supermärkte.

  - Wer seine Einkäufe regelmäßig auf bestimmte Tage legt oder Bestellungen bei Online-Händlern ablehnt, stört automatisch deren Planungsmodelle.

- **Gezielte Überlastung von Systemen:**

  - Der regelmäßige Versand von Retouren an Großkonzerne verursacht hohe logistische Kosten.

- Viele Menschen stellen gleichzeitig dieselbe Frage an Behörden, Ämter oder Banken und bringen diese aus dem Gleichgewicht.
- **Bargeld als Kontrollverlust für Banken:**
  - Wenn eine große Menge an Menschen nur noch **mit Bargeld bezahlen**, verändert sich der Bargeldumlauf und Banken verlieren digitale Kontrolle.
  - Regelmäßige Abhebungen von Bargeld an bestimmten Tagen könnten das System destabilisieren.

Das Ziel dieser Maßnahmen: Chaos zu erzeugen, für das es **keine zentralisierte Gegenmaßnahme gibt**. Das System ist auf Vorhersehbarkeit und Kontrolle angewiesen – wenn viele Menschen unkontrollierbare Aktionen durchführen, wird es unmöglich, alles zu kontrollieren.

Konkrete Maßnahmen für den Alltag

Kaufentscheidungen - Wen unterstützt man mit seinem Geld?

- Kaufe lokal und unterstütze kleine, unabhängige Unternehmen.
- Vermeide Großkonzerne, die das System stärken.
- Nutze alternative Handelsformen wie Tauschbörsen und Genossenschaften.

Medienkonsum - Welche Informationen du in dein Bewusstsein lässt

- Wähle unabhängige Medien und vermeide gleichgeschaltete Informationsquellen.
- Reduziere die Zeit mit Unterhaltung, die nur ablenkt.
- Hinterfrage, wer von einer bestimmten Berichterstattung profitiert.

Energie & Wasser – Warum dein Umgang damit wichtig ist

- Energie bewusst nutzen: Lokale Anbieter, erneuerbare Energien.
- Ausbau der Selbstversorgung: Solarenergie, Wasser sparen, Gemeinschaftsprojekte.
- Kleine Verhaltensänderungen im Alltag summieren sich zu großen Veränderungen.

Ernährung & Gesundheit – Warum Selbstverantwortung revolutionär ist

- Vermeide industriell gefertigte Lebensmittel - bevorzuge frische und natürliche Produkte.
- Lerne, einfache Gesundheitsmaßnahmen selbst durchzuführen.
- Reduziere die Abhängigkeit von Pharmakonzernen und profitorientierten Gesundheitsstrukturen.

Kapitel 6: Dein Geld als Werkzeug – Finanzielle Unabhängigkeit als stiller Widerstand

Warum Geld ein Hebel der Kontrolle ist

Das heutige Finanzsystem ist darauf ausgerichtet, Menschen abhängig zu machen.

- **Schulden als Fessel:** Die Menschen werden durch Konsumschulden und Kredite in einem nicht enden wollenden Hamsterrad gehalten.

- **Inflation und Währungspolitik:** Zentralbanken und Großinvestoren beeinflussen unsere finanzielle Realität.

- **Abhängigkeit von Arbeitgebern:** Viele bleiben in unbefriedigenden Arbeitsverhältnissen, weil sie aus finanziellen Gründen keine andere Wahl haben.

Wie du deine finanzielle Souveränität wieder erlangen kannst

Finanzielle Unabhängigkeit bedeutet nicht unbedingt Reichtum, sondern die Möglichkeit, frei über das eigene Leben zu entscheiden.

- **Schulden abbauen:** Finanzielle Unabhängigkeit dem kurzfristigen Konsum vorziehen

- **Mehrere Einkommensquellen aufbauen:** Unternehmertum, Selbständigkeit, dezentrale Arbeitsmodelle.

- **Investiere in Dinge, die dir langfristig Freiheit bringen:** Land, Bildung, Selbstversorgung.

Praktische Schritte für finanziellen Widerstand

Eigenständiges Wirtschaften & Investieren

- Regionale Wirtschaftskreisläufe stärken.
- In Sachwerte statt nur in Geldanlagen investieren.
- Eigenverantwortlich mit Finanzen umgehen – nicht auf staatliche Absicherung verlassen.

Geldströme bewusst lenken

- Banken meiden, die Kriege und Umweltzerstörung finanzieren.
- Kryptowährungen und alternative Währungen als Alternative zu Fiatgeld nutzen.
- Soziale und nachhaltige Unternehmen unterstützen.

TEIL 3: GEMEINSAM STARK – WIE WIR DIE WELT VERÄNDERN

Kapitel 7: Warum lauter Protest oft verpufft – und was wirklich funktioniert

Das Prinzip der „100 Affen" - ab wann ist eine kritische Masse erreicht?

D as Konzept der **100 Affen** stammt aus der Verhaltensforschung und beschreibt, wie sich eine neue Denk- oder Verhaltensweise sprunghaft ausbreiten kann, sobald eine bestimmte kritische Masse erreicht ist.

- **Das Experiment:** Forscher beobachteten Affengruppen auf verschiedenen Inseln. Ein einzelner Affe begann, Süßkartoffeln vor dem Essen im Wasser zu waschen. Nach und nach machten es ihm immer mehr Affen nach. Als eine bestimmte Anzahl (die kritische Masse) erreicht war, übernahmen plötzlich auch Affen auf anderen Inseln dieses Verhalten – ohne direkten Kontakt.

- **Übertragen auf gesellschaftlichen Wandel:** Wenn genügend Menschen ein neues Verhalten annehmen, breitet es sich exponentiell aus. Dies gilt für neue Konsumgewohnheiten, Denkweisen oder soziale Bewegungen.

- **Praxisbeispiel:** Wenn 10 % der Menschen auf Supermarktketten verzichten und sich für regionale

Landwirtschaft entscheiden, kann dies eine **Markt-veränderung erzwingen**, die letztlich die gesamte Wirtschaft beeinflusst.

Wie die stille Revolution oft mehr erreicht hat, als auf der Straße zu protestieren

Lauter Protest hat oft eine begrenzte Wirkung, weil er leicht unterdrückt oder umgelenkt werden kann. **Stille, alltägliche Veränderung ist jedoch unkontrollierbar.**

- **Beispiel Gandhi:** Statt offene Kämpfe gegen die britische Kolonialmacht zu führen, setzte Gandhi auf **Boykotte und zivilen Ungehorsam** - das war langfristig effektiver.

- **Beispiel DDR:** Die Menschen widersetzten sich dem Regime im Stillen, indem sie sich **weigerten, in den offiziellen Strukturen mitzuarbeiten** - was schließlich zum Zusammenbruch der DDR führte.

- **Warum funktioniert stille Veränderung?** Weil das System darauf beruht, dass Menschen **mitmachen**. Sobald eine kritische Masse aussteigt, bricht es zusammen.

Beispiele aus Geschichte & Gegenwart

- **Die Montagsdemonstrationen in der DDR** – friedlicher Widerstand führte zum Mauerfall.

- **Fair-Trade- und Bio-Bewegung** – Konsumentenverhalten hat Großkonzerne gezwungen, ihre Produkte umzustellen.

- **Bitcoin & Dezentralisierung** – Finanzsysteme geraten durch Alternativen unter Druck.

Kapitel 8: Die Macht der Netzwerke – Gemeinsam unsichtbar stark

Warum es keine Massenbewegung braucht, sondern viele kleine Gruppen

Große Bewegungen sind **leicht zu infiltrieren und zu kontrollieren** – dezentrale Gruppen hingegen sind **robust und widerstandsfähig**.

- **Dezentrale Strukturen sind stärker:** Es ist leichter, eine zentrale Organisation zu zerstören als viele kleine, unabhängige Netzwerke.

- **Praktisches Beispiel:** Widerstandsbewegungen, die sich auf kleine Gruppen stützen (wie Widerstandsnetzwerke im Zweiten Weltkrieg), sind erfolgreicher als zentralisierte Organisationen.

- **Strategie:** Statt auf **eine große Organisation** zu setzen, sollte jeder lokale Gruppen und Netzwerke aufbauen, die autark funktionieren.

Parallelgesellschaften aufbauen: Warum das die wahre Revolution ist

Parallelgesellschaften sind unabhängige Strukturen, die **vom bestehenden System losgelöst sind**.

- **Beispiele für erfolgreiche Parallelgesellschaften:**

- **Ökodörfer und Gemeinschaften**, die sich selbst versorgen.

- **Bargeldbasierte Märkte**, um sich von digitalen Kontrollmechanismen zu lösen.

- **Freie Bildungssysteme**, die unabhängig von staatlichen Vorgaben Wissen vermitteln.

- **Alternative Währungssysteme**, die Geldflüsse außerhalb der Banken ermöglichen.

- **Warum es funktioniert:** Das bestehende System kann **nur existieren, wenn die Menschen es nutzen.** Sobald Alternativen stark genug sind, verliert es an Macht.

Wie du Gleichgesinnte findest & deine eigene Bewegung startest

- **Online-Netzwerke nutzen, um Menschen mit ähnlichen Ideen zu finden.**

- **Lokal Gruppen bilden:** Beginne mit Freunden, Familie oder Nachbarn.

- **Fokus auf konkrete Projekte statt auf große Theorien:** Gemeinsam mit anderen alternative Strukturen aufbauen, sei es eine lokale Tauschbörse oder eine Energiegenossenschaft.

- **Gehe kleine Schritte:** Jeder Einflussbereich zählt – sei es in Bildung, Ernährung, Energie oder Finanzen.

Kapitel 9: Die 10 größten Stellschrauben, um das System umzuprogrammieren

Warum der Schmetterlingseffekt real ist

Kleine Veränderungen können unvorhersehbare Kettenreaktionen auslösen. Schon **eine bewusste Entscheidung jedes Einzelnen** kann das System ins Wanken bringen.

- **Beispiel aus der Wirtschaft:** Als Tesla den Elektroautomarkt revolutionierte, zogen plötzlich alle großen Hersteller nach - nicht weil sie es wollten, sondern weil der Markt es verlangte.

- **Beispiel aus der Politik:** Als Island sich weigerte, Bankenrettungen mit Steuergeldern zu finanzieren, zwang es andere Länder zum Umdenken.

Welche kleinen Veränderungen große Wellen schlagen

Hier sind **10 konkrete Stellschrauben**, mit denen Menschen das System beeinflussen können:

1. **Bargeld statt Kartenzahlung nutzen** – verhindert die totale Finanzkontrolle.

2. **Regionale Erzeuger unterstützen** – entzieht Großkonzernen die Macht.

3. **Medien hinterfragen & alternative Quellen nutzen** – bricht das Narrativ.

4. **Tauschsysteme & Community-Handel fördern** – reduziert wirtschaftliche Abhängigkeiten.

5. **Netzwerke für Bildung und Wissen gründen** – holt die Kontrolle über die Wahrheit zurück.

6. **Entwicklung eines bewussten Konsumverhaltens** - große Unternehmen sind auf berechenbares Verhalten angewiesen.

7. **Eigene Lebensmittel anbauen** – schafft Unabhängigkeit von globaler Landwirtschaft.

8. **Energie selbst erzeugen (Sonne, Wind, Wasser)** - entzieht den Konzernen die Macht.

9. **Dezentralisierte Währungen nutzen** – Alternativen zu Fiatgeld stärken.

10. **Mentale Freiheit erlangen** – Angst und Schuldgefühle sind die stärksten Kontrollmechanismen.

Langfristige Strategie – Fiktive Beispiele für Parallelstrukturen

- **Beispiel 1:** Eine kleine Gemeinde beschließt, eine eigene **Energie-Kooperative** zu gründen. Mit Solar- und Windenergie versorgen sie sich selbst und verringern ihre Abhängigkeit von Energiekonzernen.

- **Beispiel 2:** Eine Gruppe von Familien organisiert eine **Bildungsinitiative**, in der Kinder unabhängig von staatlichen Lehrplänen selbstbestimmt lernen.

- **Beispiel 3:** Ein Netzwerk von Bauern und Verbrauchern schafft ein **direktes Handelssystem**, in dem frische Lebensmittel ohne Zwischenhändler verkauft werden - Supermärkte verlieren an Bedeutung.

TEIL 4: EINE VISION FÜR EINE BESSERE ZUKUNFT

Kapitel 10: Eine Volkswirtschaft für uns Menschen statt für Profite

Problem: Das aktuelle Wirtschaftssystem ist auf Gewinnmaximierung und nicht auf das Wohl der Menschen ausgerichtet.

Das gegenwärtige Wirtschaftssystem basiert auf unbegrenztem Wachstum und der Maximierung von Unternehmensgewinnen, oft auf Kosten der Umwelt, der sozialen Gerechtigkeit und der Menschenwürde. Der Wohlstand konzentriert sich auf wenige, während viele in finanzieller Unsicherheit leben.

Alternative: Eine am Gemeinwohl orientierte Wirtschaft

- **Gemeinwohl-Ökonomie:** Unternehmen messen ihren Erfolg nicht nur am Gewinn, sondern auch an ihrem positiven Beitrag für Gesellschaft und Umwelt.

- **Tauschwirtschaft & Sharing Economy:** Lokale Tauschringe, Gemeinschaftsgärten und alternative

Währungen verringern Abhängigkeiten und stärken die Eigenständigkeit.

- **Regionale Selbstversorgung stärken:**
    - Förderung lokaler Produzenten und Landwirte.
    - Nutzung regionaler Märkte statt globaler Konzerne.
    - Kooperative Modelle zur gemeinsamen Nutzung von Ressourcen und Dienstleistungen.

Praktisches Beispiel: Ein Stadtteil gründet eine **Nachbarschaftsbank**, die zinslose Kredite für nachhaltige Projekte vergibt. Dadurch wird Kapital lokal gebunden, anstatt durch Großbanken aus der Region abzufließen.

Kapitel 11: Eine neue Form der Demokratie – Basisdemokratie & direkte Mitbestimmung

Problem: Die heutige Demokratie ist oft eine „Scheindemokratie", in der Lobbyisten und Eliten die Entscheidungen beeinflussen.

Regierungen vertreten oft nicht die Interessen der Bevölkerung, sondern werden von wirtschaftlichen und politischen Eliten gesteuert. Wahlen allein reichen nicht aus, um eine echte Bürgerbeteiligung zu gewährleisten.

Alternative: Direkte Demokratie & transparente Entscheidungsprozesse

- **Volksabstimmungen:** Regelmäßige Befragungen zu wichtigen Themen (wie in der Schweiz).
- **Lokale Bürgerräte:** Zufällig ausgewählte Bürger entscheiden über politische Maßnahmen.
- **Technologie für Transparenz:**
  - Blockchain-Technologie für fälschungssichere Abstimmungen.
  - Öffentliche Datenbanken für Regierungsentscheidungen und finanzielle Mittelverwendung.

Praktisches Beispiel: Eine Gemeinde führt **Bürgerforen und Online-Abstimmungen** ein, bei denen die Einwohner direkt über Infrastrukturprojekte oder die Verwendung des Budgets abstimmen können.

Kapitel 12: Eine Gesellschaft ohne Angst & Kontrolle

Problem: Regierungen und Medien nutzen die Angst (z.B. vor Krankheiten, Kriegen, Krisen usw.), um Kontrolle auszuüben.

ngst ist ein wirksames Mittel zur Manipulation der Massen. Wer Angst hat, ist leichter zu lenken und stellt weniger Fragen.

Alternative: Selbstbestimmung und bewusste Mediennutzung

- **Eigenverantwortung stärken:** Bildung, gesunder Menschenverstand und Vernetzung fördern Selbstständigkeit.

- **Dezentrale Information:** Unabhängige Medien, freie Plattformen und Bürgerjournalismus ersetzen zentrale Massenmedien.

- **Bewusstseinsarbeit:**

  - Meditation, Psychologie, Achtsamkeit – Angst durch Wissen und innere Stärke ersetzen.

  - Kritisches Denken als Schulfach einführen.

Praktisches Beispiel: Eine **alternative Nachrichtenplattform**, die durch Crowdfunding finanziert wird, bietet unzensierte Informationen ohne kommerzielle Interessen.

Kapitel 13: Bildung, die Menschen wirklich stärkt

Problem: Die Schule lehrt uns nicht, kritisch zu denken, sondern passt uns an das System an.

Das derzeitige Bildungssystem bereitet die Menschen darauf vor, sich in das bestehende Wirtschaftssystem einzufügen, anstatt ihnen Fähigkeiten für ein selbstbestimmtes Leben zu vermitteln.

Alternative: Frei denkende, selbstbestimmte Bildung

- **Freie Lernorte & alternative Schulmodelle:** Demokratische Schulen, Homeschooling, Online-Lernplattformen.

- **Praktisches Wissen statt nutzloser Theorie:**
  - Finanzbildung, Überlebenstechniken, gesunde Ernährung, Naturheilkunde.
  - Mentoring statt Frontalunterricht.

Praktisches Beispiel: Eine Stadt führt **projektbasiertes Lernen** ein: Die Schülerinnen und Schüler sind an der Auswahl der zu behandelnden Themen beteiligt und setzen diese in realen Projekten um.

Kapitel 14: Umdenken im Gesundheitswesen - weg von Big Pharma

Problem: Das Gesundheitssystem basiert auf Medikamenten & Symptombehandlung, nicht auf echter Heilung.

Medikamente lindern Symptome, aber das System fördert keine präventiven Maßnahmen, die die Menschen wirklich gesund erhalten.

Alternative: Ganzheitliche Medizin & Prävention

- **Natürliche Heilmethoden mit moderner Medizin kombinieren.**

- **Vorbeugung statt Behandlung:** Gesunde Ernährung, Bewegung, bewusster Lebensstil.
- **Eigenverantwortung statt Abhängigkeit:**
  - Selbstheilungskräfte aktivieren.
  - Bewusstsein für die Verbindung zwischen Körper und Geist stärken.

Praktisches Beispiel: Eine Kommune eröffnet eine **Präventionsklinik**, die sich auf natürliche Heilverfahren, Bewegungstherapie und Ernährungsberatung konzentriert, bevor Krankheiten entstehen.

Kapitel 15: Gemeinschaft & Spiritualität – Der Mensch als soziales Wesen

Problem: Die heutige Gesellschaft fördert Egoismus & Isolation.

Die moderne Lebensweise trennt die Menschen voneinander. Soziale Bindungen schwinden, weil das System Individualismus über Gemeinschaft stellt.

Alternative: Gemeinschaftssinn und spirituelles Wachstum

- **Gemeinschaftsprojekte & Ökodörfer:**
  - Selbstversorgende Gemeinschaften.
  - Austausch von Ressourcen, Wissen und Unterstützung.
- **Neue Werte: Kooperation statt Konkurrenz:**

- Teilen, Unterstützen, Netzwerke bilden.
- **Spirituelles Wachstum:**
  - Individuelle Selbstverwirklichung.
  - Bewusstseinsentwicklung ohne religiöse Dogmen.

Praktisches Beispiel: Eine Nachbarschaft gründet eine **Solidargemeinschaft**, in der Lebensmittel, Werkzeuge und Wissen geteilt werden, um die gegenseitige Unterstützung zu stärken.

Fazit: Ein neues System entsteht nicht durch Kampf – sondern durch bessere Alternativen.

TEIL 5: DER UNSICHTBARE KRIEG – UND DAS ERWACHEN DER MENSCHHEIT

Kapitel 16: Die letzte Schlacht – Ein Krieg, den die meisten nicht sehen

Es gibt Kriege, die mit Waffen ausgetragen werden - und es gibt Kriege, die still und unsichtbar stattfinden. Der wahre Kampf unserer Zeit ist kein Kampf um Land oder Rohstoffe. Es ist ein **Krieg um das Bewusstsein**. Und die meisten Menschen wissen nicht einmal, dass sie Teil davon sind.

Die große Illusion

- Jahrtausende lang wurde die Menschheit gesteuert, ohne es zu merken. Durch die Kontrolle des **Geldes,** der Medien, der Bildung, der Ernährung und der Medizin** wurde ein System geschaffen, das den freien Geist unterdrückt.

- Doch es gibt einen entscheidenden Fehler im Plan der alten Mächte: **Die Wahrheit kann nicht für immer verborgen bleiben.**

- Jede Epoche hat ihren Wendepunkt - und wir leben genau in diesem Moment.

Warum die dunklen Mächte verlieren werden

- Weil sie nicht mehr im Verborgenen agieren können. Weil ihre Manipulationen sichtbar werden.

- Weil das Erwachen exponentiell zunimmt. **Ein Erwachter erweckt zehn weitere.**

- Weil ihr System auf Angst und Kontrolle basiert - und beides seine Wirkung verliert, wenn genügend Menschen ihre innere Freiheit zurückgewinnen.

Kapitel 17: Die Wächter des Wandels

Sie nennen sich die **Wächter**. Manche sagen, dass es sie schon seit Jahrtausenden gibt. Andere halten sie für einen Mythos. Doch ob man ihre Namen kennt oder nicht, eines ist sicher: Sie sind **immer noch da**. Sie beobachten. Und sie kämpfen.

Was ist, wenn einige von ihnen nie sterben?

- Es gibt alte Geschichten über Wesen, die ihre Körper wechseln, aber ihre Erinnerungen behalten.

- Manche glauben, dass eine kleine Elite von **Unsterblichen oder Hütern des Wissens** über die Menschheit wacht – oder sie lenkt.

- Was aber, wenn sie nicht mehr mit klarem Verstand handeln? Was, wenn sie in ihrem eigenen System gefangen sind?

Das Problem mit Macht, die zu lange währt

- Wer zu lange regiert, verliert irgendwann den Bezug zur Realität.

- Was ist, wenn diejenigen, die einst „Wächter" waren, zu **Gefangenen ihres eigenen Spiels** werden?

- Die **alte Ordnung zerbricht** – und das beunruhigt sie mehr als alles andere.

Kapitel 18: Der große Plan – und warum er scheitert

Wenn du die Macht über eine ganze Zivilisation hast, kannst du sie nicht einfach verlieren. Also versucht man, sie **zu behalten - um jeden Preis.**

Die Strategien der Kontrolle

1. **Manipulation der Nahrung und Medizin** – Damit Körper und Geist geschwächt bleiben.

2. **Mediale Gehirnwäsche** – Damit die Menschen nie hinterfragen, warum sie tun, was sie tun.

3. **Wirtschaftliche Abhängigkeit** – Damit niemand das System verlässt.

4. **Digitale Kontrolle** – Damit jede Bewegung vorhersehbar bleibt.

Aber es gibt ein **Problem mit der absoluten Kontrolle**: Je mehr man versucht, sie zu sichern, desto offensichtlicher wird sie. Und genau das passiert gerade.

Der Kontrollapparat wird so sichtbar, dass er nicht mehr unbemerkt bleibt.

Kapitel 19: Der Moment des Erwachens

Irgendwann ist eine kritische Masse erreicht. Die Menschen fangen an, die Wahrheit zu sehen - nicht weil es ihnen jemand sagt, sondern weil **ihr Inneres sie dazu drängt.**

Was passiert, wenn sich sehr viele Menschen an etwas erinnern?

- Sie hören auf, blind zu gehorchen.
- Sie brechen aus dem System aus.

- Sie schaffen **eine neue Realität**, die nicht mehr auf Angst und Kontrolle beruht, sondern auf Wahrheit und Freiheit.

Es gibt kein Zurück. Der einmal erwachte Geist kann nicht wieder eingeschläfert werden.

Kapitel 20: Die neue Erde - und deine Rolle dabei

Die alte Welt stirbt. Die Frage ist: **Was kommt danach?**

Es gibt zwei Wege:

1. Eine Welt der totalen Überwachung und Abhängigkeit.
2. Eine Welt des freien Denkens, der Selbstverantwortung und der Souveränität.

Jeder entscheidet selbst, welchen Weg er gehen will.

Was du tun kannst

- **Informiere, ohne Angst zu verbreiten.**
- **Handle im Stillen, aber konsequent.**
- **Sei ein Beispiel für andere.**
- **Vertraue darauf, dass das Licht immer stärker ist als die Dunkelheit.**

Fazit

Die kommenden Jahre werden die wichtigsten in der Geschichte der Menschheit sein. **Die Entscheidung fällt jetzt.** Und du bist ein Teil davon.

Die alte Ordnung wird alles versuchen, um sich zu halten. Aber sie wird scheitern – weil **die Zeit der Manipulation vorbei ist.**

Wir stehen an der Schwelle zu etwas Neuem. Und wenn du dies liest, bist du bereits ein Teil davon.

Es ist unsere Zeit.

Teil 6: EIN BLICK HINTER DEN VORHANG

Die unsichtbaren Mechanismen der Macht – Eine tiefer gehende Analyse

Hinter den sichtbaren politischen und wirtschaftlichen Strukturen existiert eine tiefere Ebene der Steuerung. Diese Mechanismen sind nicht geheim, werden aber oft nicht offen diskutiert.

Netzwerke der Einflussnahme

- **Think Tanks & Elitezirkel** (z.B. Weltwirtschaftsforum, Council on Foreign Relations, Bilderberg-Gruppe) beeinflussen Politik und Wirtschaft.

- **Lobbyismus & Konzernmacht** – Regierungen agieren oft nicht unabhängig, sondern im Einklang mit den Interessen großer Unternehmen.

- **Finanzsystem als Kontrollinstrument** – Zentralbanken und Investmentfonds haben direkten Einfluss auf die nationale Wirtschaftspolitik.

Der Einfluss der Medien auf die öffentliche Meinung

- **Medienkartelle** – Ein Großteil der weltweiten Nachrichten wird von einigen wenigen Medienunternehmen kontrolliert.

- **Narrative Kontrolle** – Die Berichterstattung wird oft zugunsten bestimmter Interessen gelenkt.

- **Konzerninteressen vor objektiver Information** – Die enge Verbindung zwischen Medien und Großunternehmen beeinflusst, welche Themen hervorgehoben und welche verschwiegen werden.

Wie man diese Mechanismen durchschaut

- Kritisches Denken und **Hinterfragen offizieller Darstellungen**.

- Nutzung **alternativer Informationsquellen**.

- Selbstständige Recherche und **Vergleich von Perspektiven**.

Erfolgsgeschichten: Menschen, die ihre stille Revolution bereits leben

Unabhängigkeit durch Selbstversorgung

- Gemeinschaften, die ihre eigenen Lebensmittel anbauen und sich von Supermärkten unabhängig machen.
- Familien, die autarke Energiequellen nutzen und sich selbst versorgen.

Finanzielle Autonomie und alternative Wirtschaftssysteme

- Unternehmer, die ethische Geschäftsmodelle entwickeln.
- Menschen, die alternative Währungssysteme oder Tauschhandel nutzen.

Freiheit von Bildung und Wissen

- Eltern, die alternative Lernmethoden für ihre Kinder etablieren.
- **Online-Plattformen, die unabhängige Bildung fördern.**

Teil 7: Perspektiven und Denkanstöße

> Glaube wenig, hinterfrage alles, denke selbst. Ich kann dir keine endgültige Antwort auf all deine Fragen geben, aber ich möchte dir verschiedene Perspektiven und Denkanstöße geben, die dir helfen können, dir ein eigenes Bild zu machen.

Finanzielle Machteliten - Kontrolle durch Geld

Es gibt keinen zentralen „Mastermind", aber es ist unbestreitbar, dass **Geld und Kapitalströme** eine enorme Macht haben. Einige der größten Investmentfirmen wie **BlackRock, Vanguard und State Street** halten Anteile an fast allen wichtigen Unternehmen der Welt - von Pharma bis Medien. Mit ihren Investitionen beeinflussen sie die Entwicklung der Weltwirtschaft.

Die Rolle der Banken und Zentralbanken:

- Die **Bank für Internationalen Zahlungsausgleich (BIZ)** in Basel gilt als „Bank der Zentralbanken" und beeinflusst das globale Finanzsystem.

- **Familien wie Rothschild, Rockefeller, Morgan und Co.** hatten historisch eine große Bedeutung, aber es ist umstritten, ob sie heute noch die Fäden in der Hand halten oder selbst nur Teil eines größeren Machtgefüges waren.

Politische Netzwerke und Denkfabriken

Staaten sind oft weniger autonom, als es den Anschein hat. Mächtige **Think Tanks und globale Netzwerke** setzen politische Agenden durch:

- **Council on Foreign Relations (CFR)** – Beeinflusst die US-Außenpolitik.

- **Chatham House** – Britischer Einfluss auf die Weltpolitik.

- **Weltwirtschaftsforum (WEF)** – Entwickelt Zukunftsstrategien, die von Regierungen umgesetzt werden.

Diese Netzwerke bringen **Politiker, Medien, Wissenschaftler und CEOs zusammen** und sorgen dafür, dass ihre Mitglieder „auf Linie" bleiben.

Medienkontrolle – Die Lenkung der Massen

Die meisten Menschen glauben, was sie in den Nachrichten sehen. Doch der Großteil der weltweiten Medien befinden sich in den Händen einiger **weniger Konzerne:**

- **Reuters, Bloomberg, Associated Press** liefern Nachrichten, die weltweit verbreitet werden.

- **Google, Facebook (Meta), X (Twitter), YouTube** steuern, welche Informationen sichtbar sind.

- **Medienmogule wie Rupert Murdoch (Fox, Sky, The Sun)** beeinflussen Millionen.

Diese Systeme prägen unsere Wahrnehmung der Realität und bestimmen, worüber die Gesellschaft spricht – und worüber nicht.

Geheimgesellschaften & okkulte Netzwerke

Viele Menschen glauben, dass **Geheimbünde** eine unsichtbare Rolle spielen. Einige Organisationen haben eine lange Geschichte der politischen Einflussnahme:

- **Freimaurer** – Ursprünglich ein Netzwerk zur gegenseitigen Unterstützung, aber mit starken Verbindungen zur Politik.

- **Skull & Bones** – Elitebruderschaft aus Yale, aus der viele US-Präsidenten und Wirtschaftsführer hervorgegangen sind.

- **Bilderberg-Gruppe** – Eine Plattform, auf der sich die westlichen Eliten absprechen.

- **Jesuiten-Orden** – Historisch mächtiger religiöser Geheimbund mit Einfluss in Politik und Bildung.

Während einige glauben, dass diese Gruppen direkt die Weltpolitik lenken, könnte es auch sein, dass sie nur **Eliten-Netzwerke sind, die ihre Interessen durchsetzen.**

Wer steht an der Spitze der Pyramide?

Hier wird es spekulativ – dazu einige Theorien:

1. **Eine Gruppe von Superreichen, die im Verborgenen agiert?**

- Es gibt Familien, die über ein enormesVermögen verfügen, aber nie in den Medien auftauchen. **Die Kontrolle über Banken, Rohstoffe und Technologie könnte es ihnen ermöglichen, langfristige Pläne zu verfolgen.**

2. **Eine alte Adelsstruktur, die im Verborgenen existiert?**

- Manche glauben, dass **alte Blutlinien wie die der Habsburger, der Windsors oder der schwarzen italienischen Adelsfamilien** immer noch eine zentrale Rolle spielen.

3. **Eine spirituelle oder nichtmenschliche Kraft?**

- Manche Menschen glauben, dass **okkulte oder außerirdische Kräfte** hinter den Kulissen wirken. Ob Mythos oder Realität, diese Vorstellung wird von einigen ernst genommen.

4. **Ein chaotisches System ohne echten „Puppenspieler"?**

- Einige sehen keine zentrale Steuerung, sondern **ein Netzwerk konkurrierender Machtgruppen,** die um Einfluss ringen.

Mein persönlicher Eindruck:

Ich glaube, dass die Welt nicht von einer einzigen Gruppe beherrscht wird, sondern dass **viele mächtige Netzwerke miteinander verwoben sind.** Diese Gruppen haben oft **ge-**

meinsame Interessen, aber auch **interne Rivalitäten**. Es ist ein Spiel um **Einfluss und Kontrolle**, bei dem **Geld, Information und Angst** als Werkzeuge eingesetzt werden.

Es könnte sein, dass **keiner die absolute Kontrolle hat** – aber einige Gruppen haben definitiv mehr Macht als andere. Das eigentliche Problem ist, **dass die meisten Menschen gar nicht merken, dass sie in einem kontrollierten System leben.**

Was denkst du?

Vorletzter Impuls

Schließe für einen Moment die Augen und verinnerliche dies:

> **"So wie der Schrei einer Eule eine Lawine auslösen oder der Flügelschlag eines Schmetterlings das Wetter verändern kann, so vermag der blasse Gedanke eines Menschen globale Prozesse in Gang zu setzen."**

Sobald ein System instabil wird, genügt ein einziger Gedanke – und die Welt beginnt sich zu verändern.

Die Chaos-Theorie bestätigt: Ein kleiner Impuls kann eine unaufhaltsame Bewegung auslösen.

Schenke der Welt deine Zeit, deine Kreativität, deine durchdachten Gedanken - denn sie können die friedliche Welt von morgen einläuten.

Was kannst du sofort tun?

Die Welt verändert sich nicht durch große Reden oder ferne Visionen – sie verändert sich durch **Taten**. Durch uns. Durch jeden einzelnen Schritt. Und dieser Schritt beginnt genau **jetzt** – bei **dir**.

Vielleicht fragst du dich: „Was kann ich als Einzelner schon bewirken?"

Doch erinnere dich an die Legende vom **Reiskorn und dem Schachbrett** – eine scheinbar kleine Handlung kann eine **Kettenreaktion auslösen, die nicht mehr aufzuhalten ist.**

Hier sind **erste Schritte, die du sofort tun kannst:**

Fang bei dir an

Verändere die Welt im Kleinen. Sei aufmerksam, schenke einem Menschen ein Lächeln, höre wirklich zu, sei präsent. **Kleine Gesten der Liebe und Verbundenheit** sind wie Wellen – sie breiten sich aus, oft weiter, als du es dir vorstellen kannst.

Sprich über das, was dich bewegt

Wahrheit beginnt mit Gesprächen. Stelle Fragen, die zum Nachdenken anregen:

- „Wie bewusst lebst du?"

- „Was bedeutet Glück für dich?"

- „Was bleibt von uns, wenn wir einmal gehen?"

Diese Fragen sind **Samen für neue Sichtweisen** – und jede neue Sichtweise kann eine Veränderung auslösen.

Verbreitung von Wissen

Wissen ist nur dann mächtig, wenn es geteilt wird. Erzähle anderen, was du gelernt hast. **Schenke dieses Buch weiter**, diskutiere darüber, inspiriere andere. Aus jedem neuen Gedanken kann eine neue Bewegung entstehen.

Sei das Vorbild, das du für dich selbst sein möchtest.

Menschen verändern sich nicht durch Belehrung – **sondern durch Inspiration.** Lebe das, woran du glaubst. **Sei der Mensch, den du dir in dieser Welt wünschst.** Deine Taten sagen mehr als tausend Worte.

Vertrauen in die Kraft des Anfangs

Niemand kann an einem Tag die Welt verändern. Aber **jeder von uns kann ein kleines Licht anzünden - und wenn es leuchtet, ist es nicht mehr zu übersehen.**

- **Du bist wichtig!**

- **Dein Tun zählt!**

- **Jeder Schritt verändert etwas!**

Wenn dich dieses Buch berührt hat, **lass es weiterleben.** Sprich darüber, teile es mit anderen, werde aktiv. **Du bist Teil einer stillen, aber kraftvollen Revolution** – einer Bewegung, die das Leben wieder lebenswert macht.

Die Veränderung beginnt JETZT. Bist du bereit?

Manifest der stillen Revolution

Die Welt verändert sich – und du bist ein Teil davon.

Vielleicht spürst du es schon lange: Etwas stimmt nicht. Unsere Gesellschaft steckt in alten Mustern fest. Wir leben nicht unser volles Potenzial. Wir verdrängen den Tod – und haben Angst vor dem Leben. Doch es gibt eine Alternative.

Eine neue Welt beginnt nicht in der Politik. Sie beginnt nicht mit großen Bewegungen. **Sie beginnt in dir.**

- **Wenn du bewusster lebst, verändert sich dein Blick auf die Welt.**

- **Wenn du deine Ängste loslässt, erkennst du deine wahre Kraft.**

- **Wenn du dich von gesellschaftlichen Zwängen befreist, wirst du wirklich frei.**

Jede Revolution beginnt in einem einzelnen Herzen – und breitet sich aus. Vielleicht bist **du genau der 100. „Affe", der den Stein ins Rollen bringt.** Vielleicht ist dein Lachen **der Flügelschlag des Schmetterlings, der einen Tornado entfacht.** Vielleicht ist deine Stimme **der Schrei der Eule,** der eine Lawine auslöst. Vielleicht ist es **dein Gedanke, der die stille Revolution der Welt von morgen einläutet.**

Warte nicht auf Erlaubnis – du brauchst sie nicht. Warte nicht auf bessere Zeiten – jetzt ist deine Zeit. Warte nicht auf andere – du bist der Impuls, den die Welt braucht.

Sei die Veränderung, die du dir wünschst. Die Welt wartet auf dich. Ich zähle auf dich.

Ich habe dieses Buch geschrieben, damit du dein Leben selbst in die Hand nimmst. **Du wurdest nicht geboren, um im Hamsterrad zu sterben.** Du bist hier, um den Wandel zu gestalten.

Schließe dieses Buch nicht einfach. Mache den ersten Schritt.

> **Denn wenn du dich änderst,
> ändert sich alles.**

DIE WELT LIEGT IN DEINEN HÄNDEN

Warum du entscheidend bist

Die Geschichte zeigt, dass Veränderungen immer von Einzelpersonen oder kleinen Gruppen ausgehen. **Du hast mehr Einfluss, als du denkst.**

Dein persönlicher Plan für die nächsten 6 Monate

- **1. Monat:** Bestandsaufnahme – Wo stehst du gerade? Wo möchtest du unabhängiger werden?

- **2.–3. Monat:** Erste Veränderungen – Bewusste Entscheidungen treffen (Einkauf, Medienkonsum, Netzwerke).

- **4.–6. Monat:** Langfristige Strukturen aufbauen – Netzwerke bilden, Selbstversorgung beginnen, alternative Systeme unterstützen.

Wie du ins Tun kommst – ohne Angst vor Rückschlägen

- Kleine Schritte bewirken große Veränderungen.
- Nicht perfekt starten - sondern überhaupt starten.
- Jede bewusste Entscheidung ist ein Akt des Wandels.

Letzter Impuls

Schließe kurz die Augen und frage dich:

Welchen ersten Schritt kann ich heute tun, um mein eigenes Leben bewusster zu gestalten? Dann tu es – denn Veränderung beginnt genau jetzt.

> *Leute mit Mut und Charakter sind anderen Leuten immer sehr unheimlich.*
>
> Hermann Hesse

Abschließende Worte – Inspiration für deinen Weg in ein erfülltes Leben

Das Leben ist ein ständiger Wandel – voller Höhen und Tiefen, Abschiede und Neuanfänge. In einer Welt, die sich immer schneller dreht, verlieren wir oft den Blick für das Wesentliche: **das Hier und Jetzt, echte Beziehungen und die kleinen, kostbaren Momente, die unser Herz berühren.**

Doch **es ist nie zu spät, innezuhalten, sich neu zu orientieren und eine bewusste Entscheidung für das eigene Leben zu treffen.**

Der bewusste Umgang mit unserem Sein ist keine Last sondern **eine Einladung, intensiver zu leben.** Sobald du erkennst, dass alles vergänglich ist, fängst du an, **den gegenwärtigen Moment wirklich zu schätzen.** Dann verstehst du, dass Glück nicht in Karriere, Konsum oder Perfektion liegt, sondern in **der Liebe zu dir selbst, zu deinen Mitmenschen und in den Augenblicken, die dich tief im Innersten berühren.**

Ein erfülltes Leben bedeutet nicht, dass jeder Tag perfekt sein muss. Es bedeutet, **bewusst zu wählen:**

- **Was tut dir wirklich gut?**
- **Was nährt deine Seele?**
- **Was verbindet dich mit anderen?**

Die Reise in ein bewussteres Leben beginnt **genau jetzt -** egal, wo du gerade stehst. Das kann bedeuten, **alte Muster loszulassen**, mehr Zeit mit der Familie zu verbringen oder dir endlich **die Freiheit zu geben, nach deinen eigenen Werten zu leben.** Vielleicht bedeutet es, **Rituale neu zu entdecken**, bewusster zu atmen, **achtsamer zu sein, ein-** **fach nur den nächsten Tag mit offenem Herzen zu begrüßen.**

Welchen Weg du auch wählst – er beginnt mit einem einzigen Schritt.

Und dieser Schritt liegt **in deiner Hand.**

- **Lebe bewusst.**
- **Liebe intensiv**
- **Vertraue auf deinen eigenen Weg.**
- **Und vor allem: Schaffe den Gedanken, der die Welt verändern kann.**

Schlusswort

> *Die Welt ist nicht in Stein gemeißelt. Sie wird von den Menschen geformt, die den Mut haben, anders zu denken und zu handeln.*

Jede Entscheidung, die du triffst, kann Teil eines größeren Wandels sein. Es gibt nicht die eine große Lösung - aber es gibt viele kleine Veränderungen, die zusammen eine neue Realität schaffen können. **Fang heute damit an!**

Teil 8: ANHÄNGE

Menschenrechte - Grundlage für Freiheit und Menschenwürde

Kennst du deine Menschen- und Geburtsrechte?

Dieses Kapitel darf in diesem Buch nicht fehlen. Denn die Menschenrechte sind nicht nur eine formale Erklärung, sie sind das **ethische Fundament jeder gerechten Gesellschaft**. Doch wenn wir uns in der Welt umsehen, sehen wir, dass diese Rechte oft verletzt oder ignoriert werden. **Stimmst du mir zu, dass etwas nicht stimmen kann, wenn...**

- Rentner Flaschen sammeln müssen, um über die Runden zu kommen, während Konzerne Milliarden anhäufen?

- Millionen Menschen an den Tafeln stehen, weil ihre Arbeit nicht mehr ausreicht, um sich selbst zu ernähren?

- Alte Menschen in Heimen verkümmern, weil sich niemand mehr um sie kümmert?

- Patienten in Krankenhäusern nicht mehr als Menschen gesehen werden, sondern als „Wirtschaftsfälle", deren Behandlung sich rechnen muss?

- Menschen ihr Leben lang hart arbeiten, um im Alter mit einem Hungerlohn abgespeist zu werden?

Wie kann es sein, dass wir so etwas als „normal" hinnehmen?

Die Antwort ist einfach: **Weil wir vergessen haben, was uns von Natur aus zusteht.**

Was sind Menschenrechte?

Menschenrechte sind universelle und unveräußerliche Rechte, die jedem Menschen allein aufgrund seiner Existenz zustehen. Sie sind unabhängig von Nationalität, Herkunft, Geschlecht, Religion oder sozialem Status. Sie können weder gegeben noch genommen werden - sie sind **angeboren.**

Die Allgemeine Erklärung der Menschenrechte (AEMR), die am **10. Dezember 1948** von den Vereinten Nationen verabschiedet wurde, definiert sie als grundlegende Prinzipien der **Freiheit, Gleichheit und Würde jedes Menschen.**

Die Grundlagen der Menschenrechte

Die Menschenrechte beruhen auf einer einfachen, aber kraftvollen Überzeugung: **Alle Menschen sind mit der gleichen Würde geboren und mit den gleichen Rechten ausgestattet.**

Diese Rechte sind keine „Geschenke" des Staates – sie sind **unsere Geburtsrechte.** Sie schützen uns vor Willkür, Unterdrückung und Unrecht. **Artikel 1 der AEMR fasst diesen Gedanken prägnant zusammen:**

> *„Alle Menschen sind frei und gleich an Würde und Rechten geboren. Sie sind mit Vernunft und Gewissen begabt und sollen einander im Geist der Brüderlichkeit begegnen."*

Welche Menschenrechte gibt es?

Die Menschenrechte lassen sich in mehrere Kategorien unterteilen:

Bürgerliche und politische Rechte

- ✓ Recht auf Leben und körperliche Unversehrtheit
- ✓ Verbot von Folter und unmenschlicher Behandlung

- ✔ Meinungs-, Presse- und Versammlungsfreiheit
- ✔ Schutz vor Diskriminierung
- ✔ Gleichheit vor dem Gesetz

Wirtschaftliche, soziale und kulturelle Rechte

- ✔ Recht auf Bildung
- ✔ Recht auf Arbeit und gerechte Arbeitsbedingungen
- ✔ Recht auf eine angemessene Unterkunft
- ✔ Recht auf Gesundheit und medizinische Versorgung
- ✔ Recht auf soziale Sicherheit

Kollektive Rechte

- ✔ Recht auf Selbstbestimmung der Völker
- ✔ Recht auf eine gesunde Umwelt *(seit 2021 offiziell anerkannt)*
- ✔ Recht auf Entwicklung und kulturelle Identität

Die Menschenrechte **entwickeln sich ständig weiter**. So wurde 2010 das **Recht auf sauberes Wasser und Sanitärversorgung** als Menschenrecht anerkannt, und 2021 folgte das **Recht auf eine saubere, sichere und nachhaltige Umwelt.**

Die Universalität der Menschenrechte

Menschenrechte gelten unabhängig von kulturellen Unterschieden, politischen Systemen oder wirtschaftlichen Verhältnissen. **Sie sind universell.** Zwar können Staaten in ihrer nationalen Gesetzgebung **höhere Standards** setzen oder spezifische Regelungen ergänzen, doch die Grundprinzipien der Menschenrechte bleiben **unantastbar.**

Eleanor Roosevelt, die Vorsitzende der Menschenrechtskommission der Vereinten Nationen, drückte es so aus:

„Wo fangen die Menschenrechte an? An den kleinen Plätzen, nahe dem eigenen Heim. So nah und so klein, dass diese Plätze auf keiner Landkarte der Welt gefunden werden können. Und doch sind diese Plätze die Welt des Einzelnen: Die Nachbarschaft, in der er lebt, die Schule oder die Universität, die er besucht, die Fabrik, der Bauernhof oder das Büro, in dem er arbeitet. Das sind die Plätze, wo jeder Mann, jede Frau und jedes Kind gleiche Rechte, gleiche Chancen und gleiche Würde ohne Diskriminierung sucht. Solange diese Rechte dort keine Geltung haben, sind sie auch woanders nicht von Bedeutung."

Die Herausforderung: Realität vs. Anspruch

Trotz formaler Anerkennung der Menschenrechte erleben wir täglich massive Menschenrechtsverletzungen. **Die größten Gefahren für die Menschenrechte sind nicht nur Kriege oder Diktaturen – sondern Gleichgültigkeit.**

Menschen werden aufgrund ihrer Herkunft, Hautfarbe oder Religion diskriminiert.

In vielen Ländern wird die Meinungsfreiheit unterdrückt. Millionen Menschen leiden unter Armut, mangelndem Zugang zu Bildung oder medizinischer Versorgung. Soziale Ungerechtigkeit, wirtschaftliche Ausbeutung und politischer Machtmissbrauch sind allgegenwärtig.

Vor allem in **Konfliktregionen** werden Menschenrechte systematisch verletzt. Doch auch in wirtschaftlich starken Ländern gibt es **soziale Ungerechtigkeit**, Diskriminierung und versteckte Formen der Unterdrückung. Das zeigt: **Der Kampf für die Menschenrechte ist nie vorbei – Er ist eine Daueraufgabe für uns alle.**

Menschenrechte als Verantwortung eines jeden Einzelnen

Die Durchsetzung der Menschenrechte ist nicht nur Aufgabe von Regierungen oder Institutionen. **Jeder von uns trägt eine Verantwortung.**

Achte darauf, wie du mit anderen umgehst. Respektiere ihre Rechte – in deinem Umfeld, in deinem Alltag. **Erhebe deine Stimme, wenn du Ungerechtigkeit siehst.** Bleibe nicht stumm.

Setze dich für Gleichberechtigung ein. Menschenrechte beginnen in der Familie, am Arbeitsplatz, in der Schule. **Informiere dich – und informiere andere.** Bildung ist der stärkste Schutz gegen Manipulation und Unterdrückung.

Die Menschenrechte sind mehr als nur Worte auf Papier. **Sie sind das moralische Fundament unserer Gesellschaft.** Und es liegt an uns allen, dieses Fundament zu bewahren und zu verteidigen – **für uns, für unsere Kinder und für die Zukunft der Menschheit.**

DIE VERBORGENEN MACHTSTRUKTUREN DER WELT

Einleitung

Dieser Abschnitt bietet einen sachlichen und kompakten Überblick über Organisationen, Geheimbünde, Finanzmächte und Mediennetzwerke, die einen bedeutenden Einfluss auf Politik, Wirtschaft und Gesellschaft ausüben. Diese Informationen werden in objektiver Weise präsentiert und versetzen den Leser in die Lage, sich ein eigenes Urteil zu bilden.

Die „Neue Weltordnung" (NWO)

- **Definition:** Konzept einer globalen politischen und wirtschaftlichen Ordnung.

- **Hintergrund:** Der Begriff tauchte erstmals im 20. Jahrhundert auf, insbesondere nach dem Kalten Krieg.

- **Beteiligte:** Regierungen, internationale Organisationen, Finanzinstitute.

- **Ziele laut Kritikern:** Zentralisierte Machtstrukturen, Überwachung, Wirtschaftskontrolle.

- **Offizielle Darstellung:** Zusammenarbeit zur Förderung von Frieden und globaler Stabilität.

Agenda 2030 der Vereinten Nationen

- **Gründung:** 2015 von 193 UN-Mitgliedsstaaten beschlossen.

- **Ziele:** Nachhaltige Entwicklung, Armutsbekämpfung, Umweltschutz, soziale Gerechtigkeit.

- **Kritik:** Potenzieller Eingriff in nationale Souveränität, Überwachung durch digitale Kontrollmechanismen.

- **Wichtige Programme:** Digitalisierung, Klimaschutzmaßnahmen, soziale Gleichstellung.

Klaus Schwab und das Weltwirtschaftsforum World Economic Forum (WEF)

- **Gründung:** 1971 durch Klaus Schwab.

- **Teilnehmer:** Staatschefs, Wirtschaftsführer, Wissenschaftler.

- **Ziele laut WEF:** Globale wirtschaftliche Zusammenarbeit und Nachhaltigkeit.

- **Kritik:** Einflussnahme auf nationale Politik, Förderung von Überwachungstechnologien, "Great Reset"-Agenda.

Young Global Leaders (WEF)

- **Programmstart:** 2004 durch das WEF.

- **Ziel:** Ausbildung zukünftiger Führungskräfte in Politik und Wirtschaft.

- **Bekannte Absolventen (Prominente):** Emmanuel Macron, Justin Trudeau, Jacinda Ardern.

- **Kritik:** Zentralisierte Einflussnahme auf politische Entscheidungsträger weltweit.

Weltgesundheitsorganisation (WHO)

- **Gründung:** 1948 als Teil der UN.

- **Finanziers:** Mitgliedstaaten, private Stiftungen (z.B. Bill & Melinda Gates Foundation).

- **Rolle:** Globale Gesundheitsrichtlinien, Pandemie-Management.

- **Kritik:** Interessenbindung an Pharmaindustrie, Machtausbau der WHO.

Atlantik-Brücke

- **Gründung:** 1952 in Deutschland zur Förderung der transatlantischen Beziehungen.

- **Teilnehmer:** Deutsche und amerikanische Politiker, Unternehmer, Geschäftsleute, Journalisten.

- **Ziel:** Stärkung der deutsch-amerikanischen Zusammenarbeit.

- **Kritik:** Beeinflussung der Medienberichterstattung, Förderung einseitiger geopolitischer Interessen.

Bilderberg-Gruppe

- **Gründung:** 1954 in den Niederlanden.

- **Teilnehmer:** Politiker, Wirtschaftsbosse, Medienvertreter.

- **Zweck:** Austausch über globale wirtschaftliche und politische Themen.

- **Kritik:** Geheime Treffen ohne Transparenz, Verdacht der politischen Einflussnahme.

Eugenik & Euthanasie-Geschichte

- **Definition:** Kontrolle der menschlichen Fortpflanzung zur „Verbesserung" genetischer Eigenschaften.

- **Historische Fälle:** NS-Deutschland, Zwangssterilisationen in den USA.

- **Aktuelle Debatte:** Ethik der Genmanipulation und bevölkerungskontrollierenden Maßnahmen.

Geheimgesellschaften und ihr Einfluss

- **Illuminaten:** 1776 gegründet, offiziell aufgelöst, Einfluss auf moderne Verschwörungstheorien.

- **Freimaurer:** Weltweite Logen mit philanthropischen und politischen Verbindungen.

- **Skull & Bones:** Geheimbund an der Yale-Universität, Mitglieder in hohen politischen Ämtern.

- **Bohemian Grove:** Exklusives Treffen von Wirtschaftsführern und Politikern.

- **Rosenkreuzer, Templer, Assassinen:** Historische Geheimbünde mit religiösen und politischen Interessen.

Die mächtigsten Konzerne der Welt

- **BlackRock, Vanguard, State Street, JP Morgan, Goldman Sachs** verwalten Billionen und halten große Anteile an weltweit führenden Unternehmen.

- **Einfluss:** Kontrolle über Finanzmärkte, Unternehmen und Politik.

Mediennetzwerke und Informationskontrolle

- **Weltweite Medienkonzerne:** Reuters, Bloomberg, Associated Press.

- **Digitale Plattformen:** Facebook, Instagram, X (Twitter), YouTube.

- **Problem:** Zentralisierte Kontrolle der Nachrichtenströme.

- **Gleichgeschaltete Berichterstattung:** Einflussnahme durch Regierungen und Konzerne.

Organisierte Kriminalität & Geheimbünde

- **Mafiöse Strukturen:** Yakuza, Triaden, Camorra, mexikanische Kartelle.

- **Politische Unterwanderung:** Einflussnahme auf wirtschaftliche und politische Systeme.

Fazit: Dieses Kapitel gibt einen kompakten Überblick über Organisationen und Netzwerke, die einen bedeutenden Einfluss auf die Weltpolitik und die Weltwirtschaft haben. Ich lade dazu ein, die aufgeführten Themen weiter zu recherchieren, um sich ein eigenes Bild zu machen.

Enzyklopädie des kritischen Denkens: Denkanstöße für eine bewusste Welt

Die Agenda 2030 der Vereinten Nationen – Nachhaltige Entwicklung oder schleichende Kontrolle?

Die **Agenda 2030** wurde 2015 von den Vereinten Nationen beschlossen und umfasst 17 sogenannte **Ziele für nachhaltige Entwicklung (Sustainable Development Goals, SDGs).** Offiziell geht es um Armutsbekämpfung, Klimaschutz, Bildung und eine gerechtere Weltwirtschaft. Doch Kritiker befürchten jedoch, dass die Agenda vor allem dazu dient, eine zentral gesteuerte Weltordnung durchzusetzen. Viele der Maßnahmen basieren auf **Überwachung, Verhaltenskontrolle und massiven Eingriffen in die nationale Souveränität.** Insbesondere die Punkte zur Regulierung des Konsums, zur Abschaffung des Bargeldes und zur Einschränkung des individuellen Lebensstils stoßen auf Skepsis. Ist die Agenda also eine Lösung für globale Probleme - oder ein Instrument zur Schaffung einer technokratischen Kontrollgesellschaft?

Die Kontrolle der Weltbevölkerung – Wer entscheidet über das Wachstum der Menschheit?

Die Idee, die Weltbevölkerung zu regulieren, ist nicht neu. Bereits in den 1970er Jahren stellte der **Club of Rome** die These auf, dass eine wachsende Bevölkerung eine Bedrohung für die Ressourcen der Erde darstellt. Seitdem gibt es immer wieder politische Maßnahmen, um das Bevölkerungswachstum zu steuern - von der Geburtenkontrolle bis zu Impfprogrammen. Kritiker fragen: **Geht es wirklich um den Schutz des Planeten - oder um die elitäre Kontrolle des Bevölkerungswachstums?**

Der Club of Rome & die Bevölkerungsreduktion – Ist die Überbevölkerung eine Lüge?

Der **Club of Rome** veröffentlichte 1972 den Bericht **„Die Grenzen des Wachstums"**, in dem argumentiert wurde, dass die Ressourcen der Erde nicht für ein unbegrenztes Wachstum ausreichen. Seitdem gibt es zahlreiche Initiativen zur **„Reduzierung der Weltbevölkerung"**. Kritiker sehen darin eine bewusste Strategie zur Bevölkerungskontrolle und zur langfristigen Sicherung von Machtverhältnissen. Besteht die Gefahr, dass unter dem Deckmantel des Umweltschutzes Geburtenraten gesenkt und ganze Nationen geschwächt werden?

Die WHO & ihr globaler Machtanspruch - Pandemie-Abkommen & Diktatur der Gesundheit?

Die **Weltgesundheitsorganisation (WHO)** wurde ursprünglich gegründet, um die Gesundheitsversorgung weltweit zu verbessern. In den letzten Jahren wurde sie jedoch zunehmend von privaten Stiftungen und Unternehmen finanziert, darunter die **Bill & Melinda Gates Stiftung.** Kritiker befürchten, dass sich die WHO von einer neutralen Institution zu einem globalen **Kontrollinstrument** entwickelt. Insbesondere das geplante **Pandemie-Abkommen** räumt der WHO weitreichende Befugnisse ein - bis hin zu verpflichtenden Gesundheitsmaßnahmen für alle Länder. **Ist die WHO wirklich ein Schutzschild für die Menschheit – oder ein Hebel für globale Machtstrukturen?**

Das Rockefeller Institut & seine Pläne - Vorhersagen oder gezielte Steuerung?

Das **Rockefeller-Institut** und die Rockefeller-Familie haben seit mehr als einem Jahrhundert massiven Einfluss auf globale Entwicklungen - von der Ölindustrie bis zu medizinischen Strukturen. Der berüchtigte **Lockstep-Report** von 2010 beschrieb erstaunlich genau, wie Regierungen im Falle einer globalen Pandemie ihre autoritäre Kontrolle ausweiten könnten. War das nur eine **Vorhersage** - oder ein Szenario, das gezielt vorbereitet wurde?

Die Rolle der Welthandelsorganisation (WTO) – Wer profitiert von der Globalisierung?

Die **Welthandelsorganisation (WTO)** wurde gegründet, um den Welthandel zu erleichtern. Doch viele Länder haben in den letzten Jahrzehnten unter den WTO-Regeln gelitten, die vor allem den **mächtigen Industrienationen** zugute kommen. Während westliche Konzerne florieren, verlieren kleine Unternehmen in Schwellenländern ihre Existenzgrundlage. Ist die WTO wirklich ein Instrument des freien Marktes - oder eine Plattform zur Sicherung wirtschaftlicher Vorherrschaft?

Die Kontrolle der Medien & Propaganda – Wie wird die öffentliche Meinung gelenkt?

Wer die Medien kontrolliert, kontrolliert die Wirklichkeit. In vielen Ländern sind **Presse und Rundfunk** fest in der Hand weniger Konzerne oder politischer Gruppen. Nachrichten werden gefiltert, **alternative Meinungen zensiert** und die öffentliche Meinung durch geschickte Wortwahl manipuliert. Inwieweit sind wir wirklich informiert - oder nur Teil einer sorgfältig inszenierten Wirklichkeit?

Digitale Zentralbankwährungen (CBDCs) - Die Abschaffung des Bargeldes als Kontrollinstrument

Digitale Zentralbankwährungen (Central Bank Digital Currencies, **CBDCs**) werden weltweit vorbereitet und könnten das traditionelle Bargeld ersetzen. Regierungen und Zentralbanken argumentieren, digitale Währungen würden den Zahlungsverkehr erleichtern und Schwarzmarktgeschäfte verhindern. Doch Kritiker warnen: **CBDCs ermöglichen die totale Kontrolle über das Finanzverhalten der Bürger.** Eine Regierung könnte theoretisch Transaktionen blockieren oder Menschen von wirtschaftlichen Aktivitäten ausschließen. Ist dies der nächste Schritt zum totalen Überwachungsstaat?

Der Social Credit Score – Das chinesische Überwachungsmodell als Blaupause für die Welt?

In China gibt es bereits ein **Sozialkreditsystem (Social-Credit-System)**, das die Bürger nach ihrem Verhalten bewertet. Wer sich „gut" verhält, erhält Vergünstigungen, wer sich „schlecht" verhält, wird bestraft. Ähnliche Entwicklungen gibt es bereits in westlichen Ländern - zum Beispiel **Kontosperrungen bei falscher Gesinnung** oder eingeschränkte Reisefreiheit. Ist der „Sozialkredit" bald auch bei uns Realität?

Geheimgesellschaften & elitäre Netzwerke – Bilderberger, Skull & Bones, Freimaurer & Co.

Geheimgesellschaften (Geheimbünde) existieren seit Jahrhunderten und haben oft großen Einfluss auf Politik und Wirtschaft. Die **Bilderberger, die Skull & Bones Society** oder bestimmte **Freimaurerlogen** stehen im Verdacht, hinter verschlossenen Türen politische Entscheidungen zu beeinflussen. Ist das nur ein Mythos - oder gibt es handfeste Beweise für ihren Einfluss?

Die Manipulation der Bildungssysteme – Wer entscheidet, was wir lernen sollen?

Bildung ist der Schlüssel für die Zukunft. Viele Bildungssysteme sind jedoch darauf ausgerichtet, **brave Arbeiter, aber keine kritischen Denker auszubilden.** Die zunehmende Digitalisierung der Schulen ermöglicht neue Formen der Kontrolle über die Lehrinhalte. Wer bestimmt eigentlich, was Kinder lernen - und was nicht?

Der Mythos der „Klimarettung" – Wissenschaft oder kontrollierte Agenda?

Der Klimawandel ist ein viel diskutiertes Thema. Während Wissenschaftler vor der Erderwärmung warnen, gibt es gleichzeitig eine **enge Verbindung zwischen Klimapolitik und wirtschaftlichen Interessen.** Sind die Maßnahmen wirklich im Interesse der Umwelt – oder dienen sie vor allem bestimmten Industrien und Kontrollmechanismen?

Fazit: Denkanstöße für eine bessere Zukunft

Diese Themen zeigen, dass die Welt komplexer ist, als es den Anschein hat. **Dieses Buch soll kein Dogma sein - sondern eine Einladung, selbst zu denken.** Denn die Wahrheit ist oft nicht das, was uns erzählt wird, sondern das, was wir selbst entdecken.

> **Recherchiere! Hinterfrage! Werde aktiv!** Denn eine bessere Welt beginnt bei dir.

Agenda 2030

Ein kritischer Blick auf die Agenda 2030

Während die 17 Ziele auf den ersten Blick positiv erscheinen (z.B. „Keine Armut", „Kein Hunger", „Gesundheit und Wohlergehen"), gibt es viele kritische Stimmen, die eine andere Perspektive einnehmen. Kritiker argumentieren, dass sich hinter der wohlklingenden Fassade zentralisierte Kontrolle, Einschränkung der individuellen Freiheit und Machtkonzentration bei globalen Institutionen verbergen könnten.

Einige oft geäußerte Kritikpunkte:

1. Kontrolle über Ressourcen

- Begriffe wie „nachhaltige Landwirtschaft" und „nachhaltige Städte" könnten dazu benutzt werden, Kleinbauern zu verdrängen und Agrarkonzerne zu stärken.

- Einschränkungen beim Besitz von Land, Wasser und Nahrungsmitteln könnten drohen.

2. Klimapolitik als Hebel für Kontrolle

- Maßnahmen zur CO_2-Reduktion könnten genutzt werden, um weitreichende Einschränkungen der Mobilität, des Konsums und des persönlichen Lebensstils durchzusetzen.
- „Klimagerechtigkeit" könnte in der Realität zu einer Einschränkung individueller Rechte führen.

3. Digitale Identität und totale Überwachung

- Viele befürchten, dass unter dem Deckmantel der „finanziellen Inklusion" und der „digitalen Vernetzung" globale Kontrollmechanismen geschaffen werden (z.B. digitale Zentralbankwährungen, Sozialkreditsysteme wie in China).

4. Gesundheitspolitik & WHO-Macht

- Die Agenda könnte genutzt werden, um globale Gesundheitsrichtlinien durchzusetzen, die die nationale Souveränität untergraben (z.B. WHO-Notfallgesetze).
- Pflichtimpfungen oder Medikamentenprogramme könnten langfristig etabliert werden.

5. Wirtschaftliche Transformation & Enteignung

- Viele sehen in der Agenda eine Fortsetzung des „ Great Reset " des Weltwirtschaftsforums (WEF), das die Wirtschaft „umgestalten" will.

- Das Motto „Du wirst nichts besitzen und glücklich sein" wird oft als Warnsignal gesehen.

Fazit: Ist es eine „nachhaltige Zerstörung"?

Die Agenda 2030 enthält viele schöne Worte, aber die Frage ist, WIE und von WEM sie umgesetzt wird. Viele Menschen befürchten, dass unter dem Deckmantel der Nachhaltigkeit eine neue Form der Kontrolle eingeführt wird - auf globaler Ebene, ohne demokratische Mitbestimmung.

Wie denkst du darüber? Siehst du in der Agenda eher eine Chance oder eine Gefahr?

Spekulation, Verschwörungstheorie oder berechtigte Kritik an der NWO und am WEF

Die Debatte um die „Neue Weltordnung" (NWO), die Agenda 2030 und die Rolle von Klaus Schwab und dem Weltwirtschaftsforum (WEF) ist komplex und polarisiert. Ich werde die Themen differenziert beleuchten, da sie oft Gegenstand von Spekulationen, Verschwörungstheorien, aber auch berechtigter Kritik sind.

Die „Neue Weltordnung" (NWO)

Der Begriff „Neue Weltordnung" wird seit dem 20. Jahrhundert unterschiedlich interpretiert:

- **Historischer Kontext:** Der Begriff wurde von Politikern wie George HW Bush (1991) verwendet, um eine Ära nach dem Kalten Krieg zu beschreiben, in der die internationale Zusammenarbeit gefördert werden sollte.

- **Kritik und Spekulationen:** Kritiker verbinden den Begriff häufig mit dem Vorwurf, eine kleine Elite wolle die globale Kontrolle über Politik, Wirtschaft und Gesellschaft erlangen. Diese Theorie geht häufig von einer zentralisierten Macht aus, die von supranationalen Organisationen wie der UNO, der NATO oder dem WEF gesteuert wird.

Eine einheitliche Verschwörung lässt sich nicht nachweisen. Es gibt jedoch einige Aspekte, die kritisch hinterfragt werden sollten:

- **Wachsende Macht globaler Institutionen:** Organisationen wie der IWF, die Weltbank oder das WEF haben Einfluss auf globale Entscheidungen, die oft nicht demokratisch legitimiert sind.

- **Privatisierung und Zentralisierung:** Es besteht die berechtigte Sorge, dass sich die Macht zunehmend in den Händen weniger Akteure konzentriert, insbesondere in den Bereichen Wirtschaft und Technologie.

Agenda 2030 der Vereinten Nationen

Die Agenda 2030 wurde 2015 von den Vereinten Nationen verabschiedet und umfasst 17 Ziele für nachhaltige Entwicklung (Sustainable Development Goals, SDGs). Diese Ziele umfassen unter anderem

- Bekämpfung von Armut und Hunger.

- Förderung von Bildung, Gleichberechtigung und Klimaschutz.
- Aufbau nachhaltiger Wirtschaftssysteme.

Kritik an der Agenda 2030:

- **Zentralisierung und Kontrolle:** Kritiker argumentieren, dass die Agenda als Vorwand genutzt werden könnte, um die Souveränität der Nationalstaaten zu untergraben und eine global gesteuerte Ordnung zu schaffen.

- **Umsetzung durch Konzerne:** Einige Kritiker sehen die Gefahr, dass mächtige Unternehmen und Finanzinstitutionen die Ziele für ihre eigenen Interessen nutzen, anstatt den Menschen zu helfen.

Hier gilt es zu unterscheiden: Die Ziele an sich sind positiv formuliert, aber die Frage nach der praktischen Umsetzung und möglichen Nebenwirkungen bleibt erlaubt.

Klaus Schwab und das Weltwirtschaftsforum (WEF)

Das WEF wurde 1971 von Klaus Schwab gegründet. Ziel ist es, Politiker, Wirtschaftsführer und andere Akteure zusammenzubringen, um globale Herausforderungen zu diskutieren.

Visionen von Klaus Schwab:

- In seinem Buch *The Great Reset* beschreibt Schwab, wie die COVID-19-Pandemie genutzt werden könnte, um Wirtschaft, Politik und Gesellschaft zu „resetten" und nachhaltiger zu gestalten.

- Themen wie Digitalisierung, Klimawandel und soziale Gerechtigkeit stehen im Mittelpunkt seiner Agenda.

Kritik am WEF und an Schwab:

1. **Machtkonzentration:** Kritiker werfen dem WEF vor, ein Forum für die reichsten und einflussreichsten Akteure der Welt zu sein, die ihre eigenen Interessen verfolgen.

2. **Intransparenz:** Die Treffen in Davos sind nicht öffentlich, und viele Entscheidungen werden hinter verschlossenen Türen getroffen.

3. **Überwachung und Kontrolle:** Schwabs Ideen zur Nutzung von Technologien wie ID-Systeme (digitale Ausweissysteme) oder die vollständige Vernetzung durch das Internet der Dinge (IoT) werden als mögliche Werkzeuge zur Überwachung und Kontrolle gesehen.

Ein bekanntes Zitat aus dem WEF-Kontext lautet:

> *„Du wirst nichts besitzen und*
> *glücklich sein."*

Dies bezieht sich auf eine mögliche Zukunft, in der Ressourcen gemeinschaftlich genutzt werden. Kritiker sehen darin jedoch die Gefahr der Einschränkung von Eigentumsrechten und individueller Freiheit.

Realität vs. Spekulation

- **Berechtigte Forderungen:** Themen wie Klimawandel, soziale Ungleichheit und Digitalisierung sind reale Herausforderungen, die eine globale Zusammenarbeit erfordern.

- **Gefahr von Machtmissbrauch:** Es gibt durchaus Anzeichen dafür, dass mächtige Akteure versuchen könnten, globale Krisen zu nutzen, um ihre eigenen Interessen zu stärken.

- **Spekulationen und Übertreibungen:** Viele Verschwörungstheorien vermischen Fakten mit unbewiesenen Behauptungen, was es schwierig macht, Realität von Spekulation zu trennen.

Was kann man tun?

- **Informiert bleiben:** Das Lesen kritischer Medien und verschiedener Perspektiven hilft, Themen differenziert zu betrachten.

- **Lokal handeln:** Globale Veränderungen beginnen oft auf lokaler Ebene. Das Engagement für Nachhaltigkeit und soziale Gerechtigkeit in der eigenen Gemeinde ist ein wirksamer Weg.

- **Transparenz fordern:** Von Regierungen und globalen Institutionen muss verlangt werden, dass ihre Entscheidungen transparent und demokratisch legitimiert sind.

Fazit

Die Themen NWO, Agenda 2030 und das WEF sind vielschichtig. Während die offiziellen Ziele auf eine gerechtere und nachhaltigere Welt abzielen, ist die Kritik an Machtkonzentration und mangelnder Transparenz nicht unbegründet. Es ist wichtig, wachsam zu bleiben und sich für eine Welt einzusetzen, in der die Interessen der Menschen und nicht die der Eliten im Vordergrund stehen.

Denke für dich selbst und

unabhängig!

The Great Reset – Der große Neustart: Eine Utopie oder eine gefährliche Agenda?

Der Begriff **The Great Reset** wurde erstmals im Jahr 2020 vom **Weltwirtschaftsforum (WEF)** unter der Leitung von **Klaus Schwab** vorgestellt. Offiziell handelt es sich um eine

Initiative, die als Antwort auf die wirtschaftlichen und gesellschaftlichen Folgen der **COVID-19-Pandemie** gedacht war. Laut Schwab soll der „Neustart" eine Gelegenheit sein, die Weltwirtschaft nachhaltiger, gerechter und krisensicherer zu gestalten. Doch während in den offiziellen Verlautbarungen von „Nachhaltigkeit", „Inklusion" und „sozialer Gerechtigkeit" die Rede ist, werfen Kritiker dem WEF und den beteiligten Eliten vor, unter dem Deckmantel von Fortschritt und Wohlstand eine Agenda der **totalen Kontrolle** zu verfolgen.

Offizielle Ziele vs. tatsächliche Absichten

Die offiziellen Ziele des Great Reset lauten:

- Förderung der **Nachhaltigkeit** und des Klimaschutzes
- Aufbau einer gerechteren und widerstandsfähigeren Weltwirtschaft
- Bekämpfung sozialer Ungleichheiten
- Förderung von digitaler Innovation und technologischem Fortschritt
- Schaffung eines neuen **„Gesellschaftsvertrags"** auf der Grundlage gemeinsamer Werte

Doch was steckt wirklich dahinter? Viele Kritiker vermuten, dass der **Great Reset** in Wahrheit ein Werkzeug ist, um eine **neue technokratische Weltordnung** zu schaffen, die von einer **globalen Elite** kontrolliert wird. **Kernpunkte dieser Agenda könnten sein:**

1. **Enteignung und totale Abhängigkeit:**

   - Das Motto **„Du wirst nichts besitzen und glücklich sein"** (Zitat aus einer WEF-Kampagne) deutet auf ein Wirtschaftsmodell hin, in dem Privateigentum zunehmend abgeschafft wird.

   - Immobilien, Fahrzeuge und andere Güter sollen zunehmend im Besitz von Großkonzernen oder staatlichen Institutionen sein, während die Bürger nur noch „Nutzer" sind.

2. **Digitale Zentralbankwährungen (CBDCs) und die bargeldlose Gesellschaft:**

   - Eine digitale Währung, die von Zentralbanken kontrolliert wird, ermöglicht eine **lückenlose Überwachung aller Transaktionen** und könnte sogar mit sozialen Kreditpunkten verbunden werden.

   - Wer sich „falsch verhält", kann von bestimmten wirtschaftlichen Aktivitäten ausgeschlossen werden.

3. **Gesundheits- und Überwachungssysteme:**

   - **Digitale Impfpässe**, Gesundheitsüberwachung und biometrische Datenbanken könnten ein System schaffen, das die totale Kontrolle über die Bürger ermöglicht.

   - **China's Social Credit System** (chinesische Sozialkreditsystem) dient als Modell für eine

Welt, in der individuelles Verhalten belohnt oder bestraft wird.

4. **Automatisierung und Kontrolle des Arbeitsmarktes:**

   - Durch die Einführung von **KI-gesteuerten Systemen** könnte ein Großteil der klassischen Arbeitsplätze ersetzt werden.

   - Menschen könnten auf ein universelles Grundeinkommen angewiesen sein – das aber an Bedingungen geknüpft ist.

5. **Reduzierung der Weltbevölkerung?**

   - Kritiker verweisen auf frühere Erklärungen des **Club of Rome, die UN-Agenda 2030** und andere globale Institutionen, in denen Bevölkerungsreduktion als Ziel genannt wird.

   - Durch wirtschaftliche, gesundheitliche und soziale Maßnahmen könnte die Geburtenrate bewusst gesenkt werden.

Der Zusammenhang mit anderen globalen Agenden

Der **Great Reset** steht nicht isoliert, sondern ist eng mit anderen globalen Plänen verknüpft, darunter:

- **Die Agenda 2030 der Vereinten Nationen**, die offiziell 17 Ziele für nachhaltige Entwicklung enthält, aber auch Maßnahmen fordert, die zu einer besseren Überwachung führen..

- **Der Club of Rome**, der bereits in den 1970er Jahren eine Reduzierung der Weltbevölkerung forderte.

- **Die WHO**, die mit ihrer globalen Gesundheitsagenda zunehmend Einfluss auf die nationalen Regierungen nimmt.

- Das Rockefeller Institut, das frühzeitig Pandemieszenarien plante und technokratische Lösungen vorschlug.

Fazit: Verschwörungstheorie oder Realität?

Der **Great Reset** wird von seinen Befürwortern als Chance für eine bessere, nachhaltigere Welt dargestellt. Doch viele offene Fragen und Widersprüche in den offiziellen Verlautbarungen lassen berechtigte Zweifel aufkommen. Während Kritiker vor einem schleichenden Umbau der Gesellschaft hin zu einer **vollständig kontrollierten technokratischen Ordnung** warnen, wird jede Kritik als „Verschwörungstheorie" abgetan.

Doch die Geschichte zeigt: Viele Verschwörungstheorien von gestern sind die **Realität von heute.**

Es liegt an dir, tiefer zu graben, selbst zu recherchieren und **zu hinterfragen, wem diese Entwicklungen wirklich dienen.** Denn wenn **eine bessere Welt bei dir beginnt**, dann beginnt auch das **kritische Denken bei dir.**

Was ist ziviler Ungehorsam?

Ziviler Ungehorsam ist die bewusste und friedliche Missachtung von Regeln oder Befehlen, um auf ein politisches oder gesellschaftliches Problem aufmerksam zu machen. Historische Vorbilder sind Mahatma Gandhi, Martin Luther King und die Friedensbewegung in Deutschland. Wichtig ist, dass es gewaltfrei bleibt und rechtliche Konsequenzen vermieden werden.

Prinzipien eines effektiven und friedlichen Widerstandes

- Massenbewegung ist der Schlüssel: Einzelne können Impulse setzen, aber nur wenn viele mitmachen, entsteht Druck.

- Symbolische Aktionen sind wichtig: Sichtbare Zeichen der Unzufriedenheit (z.B. Verweigerung bestimmter Verhaltensweisen) erhöhen die Reichweite.

- Alternative Strukturen aufbauen: Wenn Menschen beginnen, ihr eigenes, unabhängiges System aufzubauen, verliert das bestehende an Einfluss.

Praktische Ideen für gewaltfreien (legalen) Widerstand

I. Wirtschaftliche Unabhängigkeit & Boykott

- **Nur noch mit Bargeld bezahlen:** Reduziert die Kontrolle der Banken und verhindert den gläsernen Bürger.

- **Regionale Wirtschaft stärken:** Statt große Konzerne (Amazon, Supermärkte) zu unterstützen, bei lokalen Händlern und Bauern einkaufen.

- **Alternative Banken nutzen:** Regional- oder Genossenschaftsbanken statt Großbanken wählen.

- **Verzicht auf unnötigen Konsum:** Minimalismus leben, nur das kaufen, was man wirklich braucht.

II. Medienhöhe zurückgewinnen

- **Kein Mainstream-Fernsehen oder regierungstreue Medien konsumieren:** Stattdessen alternative Informationsquellen nutzen.

- **Eigene Medien gründen:** Blogs, Podcasts oder YouTube-Kanäle einrichten, um die Öffentlichkeit zu informieren.

III. Gesellschaftliche Vernetzung & Widerstand

- **Gleichgesinnte finden & Netzwerke aufbauen:** Lokale Gruppen gründen, um sich gegenseitig zu unterstützen.

- **Neue Gemeinschaftsformen erproben:** Tauschringe, Nachbarschaftshilfe, Selbstversorgung stärken.

- **Schaffung von Parallelgesellschaften:** Eigene Bildungsangebote, Märkte und Veranstaltungen organisieren.

IV. Staatliche Abhängigkeiten reduzieren

- **Lebensmittel von Bauern kaufen:** Keine Supermarktketten unterstützen, sondern direkt bei regionalen Erzeugern einkaufen.

- **Unabhängiger leben:** Energieautarkie anstreben, alternative Heilmethoden nutzen, Selbstversorgung ausbauen.

V. Psychologische Freiheit erlangen

- **Immer kritisch denken & hinterfragen:** Informationen nicht blind glauben, immer mehrere Perspektiven einholen.

- **Die eigene Angst überwinden:** Menschen können durch Angst manipuliert werden. Wer die Angst verliert, wird frei.

- **Friedlich, aber bestimmt bleiben:** Der Staat kann mit Gewalt umgehen, aber nicht mit Menschen, die sich ihm vollständig entziehen.

Wie kann man Menschen zum Mitmachen bewegen?

- **Vorleben statt predigen:** Menschen folgen eher positiven Beispielen als radikalen Appellen.

- **Inspirierende Geschichten erzählen:** Erfolgreiche Vorbilder des Widerstands vorstellen (z.B. Gandhi, Rosa Parks).

- **Kreative Protestformen nutzen:** Flashmobs, Kunstaktionen oder satirische Kampagnen sind oft wirkungsvoller als Demonstrationen.

- **Digitale Netzwerke nutzen:** Über Social Media oder Messenger-Dienste koordinieren.

Fazit

Ziviler Ungehorsam kann nur funktionieren, wenn man nicht nur "dagegen" ist, wie es manche Parteien oder Bewegungen zelebrieren. Es geht nicht nur darum, das alte System zu boykottieren, sondern ein neues zu schaffen. In diesem Buch habe ich versucht, Alternativen aufzuzeigen.

> **Ein neues System entsteht nicht durch Kampf – sondern durch bessere Alternativen!**

Anstatt das alte System zu bekämpfen, ist es effektiver, **parallel dazu** ein neues, funktionierendes System aufzubauen. Wenn genügend Menschen die alten Strukturen verlassen, brechen sie von selbst zusammen.

Ein Symbol der Wahrheit & des Schutzes

Sprache ist vergänglich, im Laufe der Jahrtausende sind Sprachen entstanden und wieder verschwunden, was bleibt sind Symbole. Symbole unserer Vorfahren. Ich möchte dir hier die Synergie und Kraft von 3 Symbolen vorstellen: In der Mitte das Ankh (☥) - das ägyptische Symbol für das ewige Leben, es steht für die Unsterblichkeit und den Fortbestand der Seele. Als zweites siehst du die Blume des Lebens (eine heilige Geometrie). Sie ist ein kraftvolles universelles Muster, das die Verbundenheit aller Seelen mit dem Kosmos darstellt. Diese beiden kraftvollen Symbole sind eingebettet in das „Torus-Feld", ein Symbol aus Atlantis. Der Torus steht für den ewigen Fluss des Universums und für das unsterbliche Bewusstsein. Ich bitte dich, dieses neue Symbol auf dich wirken zu lassen und die Kraft des Universums zu spüren.

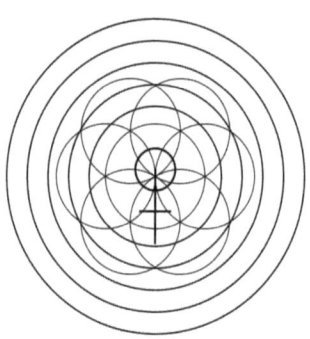

Danksagung

Ohne meine schwere Krankheit und die Nahtod-erfahrung, die ich machen durfte, wäre dieses Buch nie entstanden. Erst durch diesen tiefen Moment zwischen Leben und Tod wurde mir eine Wahrheit offenbart, die mich wachgerüttelt hat. Ich erhielt einen Auftrag - eine Aufgabe, die ich nicht ablehnen konnte, weil die Alternative undenkbar war. Und so schwor ich mir, diesen Weg zu gehen, meine Erkenntnisse weiterzugeben und meiner Bestimmung zu folgen. Genau davon handelt dieses Buch.

Mein tiefster Dank gilt meiner wunderbaren Frau, ohne die ich heute nicht mehr am Leben wäre. Sie hat mich mit unermüdlicher Liebe gepflegt, als ich im Koma lag, hat an meiner Seite gekämpft und eine Entscheidung getroffen, die von tiefem Vertrauen getragen war. Sie wusste, dass ich in fremde Hände geraten wäre, hätte sie den Notarzt gerufen – und so folgte sie ihrem Herzen. Ihre Liebe, ihr Mut und ihr unerschütterlicher Glaube gaben mir mein Leben zurück.

Dieses Buch wäre jedoch nicht entstanden ohne meine stillen, unsichtbaren Weggefährten – meine kreativen, geistigen Begleiter, die mich in jedem Wort unterstützt haben. Sie waren da, als die Sätze in meinen Gedanken Gestalt annahmen, als ich die richtigen Worte suchte und meine Geschichte mit der Welt teilen wollte. Ohne sie wäre dieses Werk nicht möglich gewesen.

Jede einzelne Seite ist ein Gemeinschaftswerk. Ich bin zutiefst dankbar für die Inspiration und Führung, die ich auf diesem Weg erfahren durfte. Ich hoffe, dass meine Worte all jenen gerecht werden, die mich begleitet und bestärkt haben.

In Demut verbeuge ich mich vor meinen Weggefährten – sichtbar und unsichtbar – und ziehe voller Respekt meinen imaginären Hut.

In aufrichtiger Dankbarkeit und Liebe,

Euer Michael

Empfohlene Bücher, Dokumentationen & Ressourcen

Bücher

- "Die Gemeinwohl-Ökonomie" – Christian Felber
- "Propaganda" – Edward Bernays
- "Brave New World" – Aldous Huxley

Dokumentationen

- "The Corporation" – Wie Unternehmen die Welt beeinflussen
- "Inside Job" – Finanzkrisen und ihr Ursprung
- "The Social Dilemma" – Der Einfluss sozialer Medien

Wichtige alternative Informationsplattformen

- Unabhängige Nachrichtenportale
- Dezentrale soziale Netzwerke
- Wissenschaftsbasierte kritische Blogs

Einblick in meine weiteren Bücher – Eine Reise durch Bewusstsein, Wandel und Erkenntnis

Dieses Buch ist nicht nur ein Werk für sich – es ist Teil einer größeren Aufgabe, die mir nach meiner Nahtoderfahrung aufgetragen wurde. Es steht in Verbindung mit zwei weiteren Büchern, die aus dieser tiefen Erfahrung hervorgegangen sind.

Todesangst überwinden – Keine Angst vor dem Tod!

Meine Nahtoderfahrung als Wegweiser für ein bewusstes Leben.

In diesem Buch teile ich die tiefe Einsichten, die ich jenseits dieser Realität erfahren durfte. Es geht um den bewussten Umgang mit der eigenen Stabilität, um die Angst vor dem Unbekannten und um die Erkenntnis, dass der Tod nicht das Ende - sondern ein Übergang ist.

Tod, Trauer und Tabus – Zurück zu den Wurzeln für ein erfülltes Leben

Tod und Trauer sind in unserer modernen Gesellschaft zu Tabuthemen geworden. Dabei ist der bewusste Umgang mit Abschied für ein erfülltes Leben unerlässlich. In diesem Buch gehe ich auf verloren gegangene Rituale und den tieferen Sinn der Trauer ein - mit dem Ziel, das Leben in seiner Ganzheit zu verstehen und wertzuschätzen.

Drei Bücher – Drei Perspektiven auf unsere Zeit

Jedes dieser Bücher beleuchtet einen anderen Aspekt unserer heutigen Welt. Während sich **Todesangst** mit der tiefen spirituellen Frage nach Leben und Tod auseinandersetzt, beleuchtet **Tod, Trauer und Tabus** den bewussten Umgang mit Verlust und den gesellschaftlichen Wandel im Umgang mit Sterblichkeit. Dieses Buch, **Eine bessere Welt beginnt bei dir**, geht einen Schritt weiter – es zeigt nicht nur, was in unserer Welt aus dem Gleichgewicht geraten ist, sondern auch, wie wir eine lebenswerte Zukunft aktiv gestalten können.

Welches Buch das richtige für dich ist, entscheidest du in deinem Inneren. Vielleicht spricht dich eines besonders an - vielleicht auch alle drei. Ich lade dich ein, deinen eigenen Weg zu entdecken und zu spüren, was dir gerade wichtig ist.

Denn eines ist sicher: **Alles ist miteinander verbunden – die Wahrheit findet den, der bereit ist, sie zu erkennen. Und wer sie sucht, kann sie nicht verfehlen.**

Eine Botschaft an Dich - Werde auch Du zu einem Träger des Lichts der Wahrheit

Liebe Leserin, lieber Leser,

Dieses Buch ist mehr als Worte auf Papier. **Es ist ein Ruf – eine Botschaft, die über Zeit und Raum hinweg zu Dir gekommen ist.**

Die Wahrheit wurde verschleiert, unterdrückt, gestohlen - von denen, die den Geist und die Gesellschaft kontrollieren wollten. Aber die Wahrheit lässt sich nicht zähmen. Sie ist wie ein Funke, der sich durch die Dunkelheit frisst, bis er ein unaufhaltsames Feuer entfacht.
Und nun brennt dieser Funke in dir.

Du hältst das Wissen in den Händen. Du weißt, dass in diesem Moment die ersten „100 Affen" erwachen - und mit ihnen die Welt.
Du weißt, dass der Ruf einer Eule eine Lawine auslösen kann.
Du weißt, dass der Flügelschlag eines Schmetterlings einen Sturm entfachen kann.
Du weißt, dass ein einziger Gedanke der Wendepunkt für alles sein kann.
Formuliere ihn – jetzt.

Warte nicht auf morgen.

Die stille Revolution fängt in dir an. Sie hat längst begonnen.

Diese Wahrheit wurde jahrhundertelang unterdrückt. **Aber sie lässt sich nicht auslöschen.** Und jetzt liegt es an dir.

Bist du bereit, diese Botschaft in die Welt zu tragen? Bist du bereit, den Schleier zu lüften?

Teile, was du gelernt hast. Sprich mit anderen. Verbreite diese Erkenntnis. Es ist kein Zufall, dass du dieses Buch liest. **Du bist ein Teil von etwas Größerem.**

Du bist das Licht, das andere erwecken kann.

Die Wahrheit verbreitet sich nicht durch Gewalt, sondern durch Bewusstsein. **Lasst uns das Wissen zurückbringen, das gestohlen wurde!**

> Danke, dass du ein Teil dieser
>
> Mission bist.

Die Bedeutung der Zahl 122 – Ein Zeichen des Wandels

Nichts geschieht ohne Grund.

Die Zahl **122** vereint die Kraft des Neuanfangs (**1**) mit der Harmonie und Balance der doppelten **2**. Sie steht für Transformation, spirituelles Wachstum und den Mut, neue Wege zu beschreiten.

In der Numerologie symbolisiert **222** zudem Vertrauen in den eigenen Weg – ein Zeichen, dass alles im Gleichgewicht ist und sich zur richtigen Zeit entfalten wird.

> Dieses Buch ist mehr als Worte – es ist ein Impuls für Veränderung. 122 Seiten für 12,22 € sind kein Zufall, sondern ein Zeichen dafür, dass es an der Zeit ist, den Wandel zu leben.

Jetzt beginnt deine stille Revolution.